Sylvain Estibal
Verschollen in der Wüste

W0357117

Zu diesem Buch

»Kein Wasser mehr. Kein Brunnen. Starker Wind.« So enden die Aufzeichnungen des englischen Piloten William Lancaster (1898–1933). Sie setzen den Schlußstrich unter ein Schicksal, so spannend und dramatisch wie das des »Englischen Patienten« oder Antoine de Saint-Exupérys. Im April 1933 war Lancaster Richtung Kap der Guten Hoffnung gestartet, um den Langstreckenrekord England–Südafrika zu brechen. Zurück blieb Bills Geliebte Chubbie Miller, die seine Passion teilte und ihn auf seinem spektakulären Australienflug begleitet hatte. Anfangs flog er Bestzeit, dann mußte er mit seiner Avro Avian in der algerischen Wüste notlanden – in einem Gebiet, das die Beduinen »das Land des Durstes« nennen. Während er mit dem Mut der Verzweiflung ums Überleben kämpfte, wurde eine aufwendige Suchaktion eingeleitet, ohne Erfolg. Bis man dreißig Jahre später auf die Trümmer des zerstörten Wracks und auf Lancasters Bordbuch stieß.

Sylvain Estibal, geboren 1967, ist Journalist, einer der renommiertesten Wüstenkenner Frankreichs und Autor mehrerer einschlägiger Werke. Er lebt und arbeitet in Paris.

WEIKL MARKUS

Sylvain Estibal

Verschollen in der Wüste

Bill Lancasters legendärer Afrika-Flug

Aus dem Französischen von
Gaby Wurster

Mit 8 Abbildungen

Ein MALIK Buch

Piper München Zürich

Das Tuareg-Sprichwort, das dem Buch als Motto vorangestellt ist, ist der Sammlung von Maguy Vautier, *Paroles des Touaregs*, Paris 2000, entnommen. Die Lieder der Tuareg auf den Seiten 39, 137 und 201 sind dem Band von Charles de Foucauld, *Chants touaregs*, Paris 1997, entnommen.

Abbildungen: P. Hayes (S. 54 / 55); Central Press Photos, Ltd (S. 224 / 225); Titus Polidori (S. 248 / 249 und S. 252 / 253)

FSC

Dieses Taschenbuch wurde auf FSC-zertifiziertem Papier gedruckt. FSC (Forest Stewardship Council) ist eine nichtstaatliche, gemeinnützige Organisation, die sich für eine ökologische und sozialverantwortliche Nutzung der Wälder unserer Erde einsetzt (vgl. Logo auf der Umschlagrückseite).

Ungekürzte Taschenbuchausgabe
Juni 2007
© 2003 Actes Sud, Arles
Titel der französischen Originalausgabe:
»Le dernier vol de Lancaster«
© der deutschsprachigen Ausgabe:
2006 Piper Verlag GmbH, München,
erschienen im Verlagsprogramm Malik
Umschlagkonzept: Büro Hamburg
Umschlaggestaltung: Birgit Kohlhaas
Umschlagabbildungen: Getty Images (Vorderseite oben) /
P. Hayes (Rückseite)
Autorenfoto: Myriam Tekaia
Karten: cartomedia, Karlsruhe
Satz: Satz für Satz. Barbara Reischmann, Leutkirch
Papier: Munken Print von Arctic Paper Munkedals AB, Schweden
Druck und Bindung: Clausen & Bosse, Leck
Printed in Germany   ISBN 978-3-492-24980-5

www.piper.de

Für Myriam
Für Jeannine

Inhalt

Mach aus deiner Klage ein Liebeslied,
damit du nicht mehr spürst, daß du leidest.

Sprichwort der Tuareg

Morning Express, 11. April 1933 ▪ Captain Lancaster startete heute morgen um 5.35 Uhr in Lympne, er will Mrs. Amy Mollisons* (geb. Johnson) Rekord im Alleinflug nach Kapstadt brechen. Nur seine Eltern, beide schon in fortgeschrittenem Alter, und einige Vertreter der Öffentlichkeit waren zugegen, um ihn zu verabschieden. Er startete in derselben Fliegerjacke, die er 1927 bei seinem Rekord getragen hatte, machte eine Schleife über dem Flugplatz und grüßte die Zuschauer, bevor er über dem Ärmelkanal entschwand.

Lancaster war der erste Pilot, der mit einer Passagierin an Bord, Mrs. Chubbie Miller, von England nach Australien geflogen war. Danach hatte er mehrere Jahre in den Vereinigten Staaten als Postpilot gearbeitet und bei einer Tour durch Amerika 200 Pfund gewonnen.

Nachdem der amerikanische Journalist Harold Fraser im März letzten Jahres tot in Mrs. Millers Villa in Miami aufgefunden worden war, wurde Lancaster des Mordes angeklagt, nach der zweiwöchi-

* Alle gekennzeichneten Begriffe, Orts- und Personennamen werden in einem Glossar ab Seite 263 erklärt.

gen Verhandlung aber für unschuldig erklärt und freigesprochen.

Durch das Vertrauen seiner Eltern kann er sich heute in dieses neue Abenteuer stürzen. Vor dem Start hatte er erklärt: »Diese Chance auf einen Neuanfang verdanke ich meinen Eltern. Mein Vater nahm hohe Ausgaben auf sich, damit ich diesen Versuch unternehmen kann. Ich hoffe, ich habe Erfolg und mache meinen Eltern Ehre.«

Lancasters Mutter und sein dreiundsechzigjähriger Vater waren unter den wenigen Zuschauern, die dem Start kurz vor Tagesanbruch beiwohnten. Bewegt verabschiedete sich Mrs. Lancaster von ihrem Sohn und gab ihm Sandwiches mit, die sie selbst mit Huhn belegt hatte. »Ich bin stolz auf meinen Sohn«, sagte sie, »und möchte, daß die ganze Welt ebenso stolz auf ihn ist. Ich würde mir wünschen, daß die Tragödie von Miami in Vergessenheit gerät; deswegen haben wir dieses Flugzeug gekauft. Wir wünschen uns, daß Bill den Platz einnehmen kann, der ihm unter den berühmten Menschen zusteht, ich möchte, daß er etwas vollbringt, und bete für seinen Erfolg. Der Arzt hatte uns abgeraten zu kommen, aber es wäre für uns undenkbar gewesen, hier und heute nicht dabeizusein. Mein Sohn hat sich schon mit siebzehn Jahren bei der Armee verdient gemacht, die Menschen sollen sich daran erinnern und Miami vergessen. Er ist ein guter Junge, er hat einen Erfolg verdient. Mrs. Mollison hat einen wunderbaren Rekord aufgestellt, aber ich bin viktorianisch erzogen und finde, eine Frau sollte sich nicht in solche Unternehmungen stürzen. Mein Sohn hat versprochen, keine unüberlegten Risiken einzugehen, und ich habe volles Vertrauen zu ihm. Doch man sollte nicht vergessen, daß er seit einem Jahr nicht mehr geflogen ist und während dieser Zeit einem schrecklichen seelischen Druck ausgesetzt war.«

Daily Post, 13. April 1933 ■ Für den britischen Piloten Captain Lancaster, der zur Zeit versucht, die Rekordflugzeit von England nach Kapstadt zu unterbieten, sind keine Rettungsmaßnahmen geplant, falls er bei seinem Flug über die Sahara verschollen gehen sollte. In Oran, wo er um Mitternacht nach Gao* startete, wurde ihm mitgeteilt, er bekomme keine Genehmigung, die Sahara zu überfliegen, weil er nicht die erforderlichen 100 000 Pfund Kaution hinterlegte, um eventuell anfallende Bergungskosten zu decken. Lancaster erklärte, er fliege auf eigenes Risiko und erwarte auch keine Rettungsoperation, sollte er vermißt werden.

Morning Express, 13. April 1933 ■ Captain Lancaster, der am Dienstag in Lympne gestartet war, um die Rekordflugzeit von 4 Tagen, 6 Stunden und 56 Minuten zu unterbieten, die Mrs. Mollison nach

Kapstadt aufgestellt hatte, wurde gestern morgen um 6 Uhr von einem Sandsturm über der Sahara in Reggane* zur Landung gezwungen. Um 18.25 Uhr startete er nach Gao am Niger.

Erster Tag

O Wüste, Land meines Lichts,
Land meines Leids.
Lied der Nomaden

Donnerstag, 13. April, 5 Uhr

Gerade bin ich einem fürchterlichen Tode entronnen.

Warum?

In einem ersten Impuls warf ich mich auf die Knie, ich dankte Gott und flehte ihn um Hilfe in meiner schrecklichen Not an.

Folgendes ist passiert: Ich flog geradeaus, immer nach Kompaß, Richtung Gao – da lief auf einmal alles aus dem Ruder. Der Motor spotzte und ging aus. Es war schwarze Nacht, der Mond war noch nicht aufgegangen (es war ungefähr 20.15 Uhr). Ich versuchte eine weiche Landung, doch das Flugzeug prallte hart auf und überschlug sich. Als ich, kopfüber, wieder zu mir kam, war ich immer noch im Cockpit angeschnallt. Ich weiß nicht, wie lange ich ohnmächtig war. Ich bekam kaum Luft, mein kleines Gefängnis war voller Benzindämpfe. Ich drehte und wand mich, um mich zu befreien, und mußte den Sand mit den Händen wegscharren, bevor ich aussteigen konnte. Meine Augen waren voll mit geronnenem Blut, aber irgendwie konnte ich die Lider aufschlagen.

Sofort dachte ich an das Wasser. War es ausgelau-

fen? Gott sei Dank, nein. Zwei wertvolle Gallonen [ca. 8 l; Anm. des Autors]. Damit kann ich ein paar Tage überleben. Freilich fühle ich mich schwach, aber ich muß unter allen Umständen bei Bewußtsein bleiben. Ich hoffe, daß sich die Franzosen auf die Suche nach mir machen, aber es wird schwierig sein, mich zu finden, denn ich bin von der Route abgekommen. Ich wollte mich schon auf den Weg zur Piste machen, dann erinnerte ich mich daran, was Chubbie und ich immer zu dieser Frage gesagt hatten: Nein, ich mußte bei meinem Flugzeug bleiben.

Ich werde das Wasser einteilen, damit kann ich, wenn auch höchstens, eine Woche überleben. So habe ich Zeit, um nachzudenken und ein paar Zeilen ins Bordbuch zu schreiben. Ich frage mich, ob die Leute wissen, wo ich bin. Ich denke vor allem an meine Mutter und an Chubbie. Ich liebe sie beide. Chubbie ist mein große Liebe, und Mutter ist immer so wunderbar zu mir. Beide waren so stolz, daß ich geflogen bin. Leider bin ich nun bitterlich enttäuscht.

Ich müßte ungefähr hier sein, aber das ist natürlich nur eine Annahme:

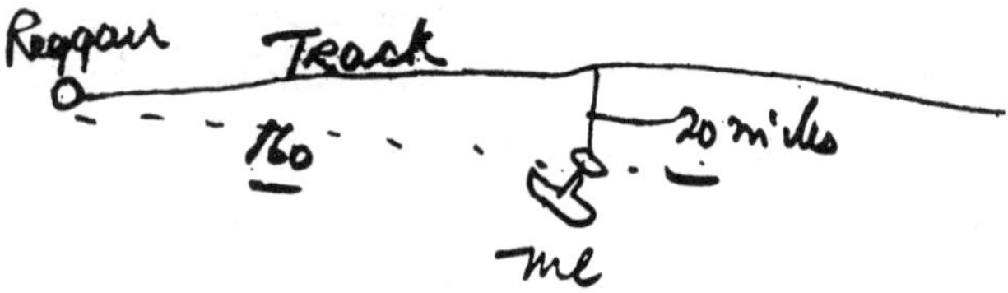

Ich spüre Schnittwunden an meiner Nase und über den Augen. Hoffentlich entzünden sich die Verletzungen nicht. Nun geht die Sonne auf. Ich sollte wohl besser unter die Tragfläche kriechen und bis Sonnenuntergang dortbleiben. Ich werde versuchen, mit einem Pint [ca. 1/2 l; Anm. des Autors] pro Tag auszukommen. Ob ich das schaffe? Heute abend werde ich ein Stück Plane abreißen und ein Feuer machen. Ich bete zu Gott, daß jemand dieses Feuer sieht. Wenn es bis heute abend immer noch keine Nachrichten von mir gibt, wird die Transsaharische Gesellschaft nach mir suchen.

Ich frage mich, ob Chubbie ein Flugzeug besorgen und sich auch auf die Suche machen wird. Sie kann bestimmt nicht nur herumsitzen und nichts tun. Mutter wird sich Sorgen machen, Vater auch. Gott segne sie. Ich wünschte, sie würden Chubbie mögen.

Ich werde einiges durchmachen, bis das hier vorbei ist.

Ich schreibe weiterhin alles, was mir in den Sinn kommt, in dieses Buch. Der alte Smithy [Charles Kingford Smith; ihm hatte Lancaster das Flugzeug für seinen Rekordversuch abgekauft; Anm. des Autors] würde für seine* Southern Cross Minor *nun nicht mehr viel geben. Ich frage mich, was den Unfall verursacht haben könnte. Sicherlich ein Problem mit der Einspritzanlage. Der arme, alte Lamplugh! Wenn ich hier herauskomme, sage ich ihm,* *wieviel ich ihm verdanke; er hat mein Flugzeug versichert. Es wird nicht leicht, die Maschine mitten in der Sahara zu bergen.*

Später am Morgen

Meine Verletzungen schmerzen. Ich weiß nicht, ob ich zur Piste gehen soll. Ich glaube nicht, daß sie mehr als zwanzig Meilen entfernt ist, und ich hoffe, daß heute abend ein paar Wagen passieren. Ich habe Angst, daß sich meine Wunden entzünden. Ich darf dafür kein Wasser verschwenden. Meine Nase sieht bestimmt schrecklich aus.

Ich frage mich, wie sich die Leute wohl verhalten, wenn ich jemals wieder hier herauskomme.

Was für eine Geschichte! Das sagen sich meine Journalistenfreunde nun bestimmt. Ich bin froh, daß ich diesmal allein gestartet bin – so eine Angst würde ich nicht mal meinem schlimmsten Feind wünschen. Es wäre wirklich dumm, wenn ich in der Wüste sterben müßte, wo ich dieses Risiko doch so heruntergespielt hatte. Lady Bailey macht sich bestimmt Sorgen um mich; das weiß ich.*

Prima – ein netter Geier zieht schon seine Kreise über mir. Ich schrie, und er flog ein Stück weg.

10.45 Uhr

Eine wahre Höllenglut, selbst im Schatten des Flugzeugs. Nein! Ich muß unbedingt hierbleiben! Wenn ich sterben muß, so hoffe ich, daß es schnell geht.

Fühle mich schwach.

11 Uhr

Dieser erste Tag kommt mir vor wie ein ganzes Jahr. Ich mache mir ziemliche Sorgen wegen meiner Wunden, ich spüre, daß sie voller Sand sind. Dem Durst zu widerstehen ist schwierig, aber es muß sein. Mein Leben hängt von diesen strikten Rationen ab. Hoffentlich werde ich nicht blind – das Blut gerinnt an meinen Lidern. In diesen Minuten, die so langsam vergehen wie ganze Stunden, kommen mir die verrücktesten Ideen. Als ich den Geier sah, stellte ich mir vor, ich könnte ihn fangen, ihn zähmen und auf seinem Rücken zu einer Wasserstelle fliegen. Und es wäre mir egal, wenn dieses Wasser schmutzig wäre. Ein kleiner braun-weißer Vogel, etwas größer als ein Sperling, hat sich neben mich gesetzt. Ich frage mich, wie weit ich wohl von einer Oase entfernt bin.

Hitze und Erschöpfung. Ich werde so lange durchhalten wie möglich, aber der Blutverlust hat mich bestimmt geschwächt.

Ich merke, daß mir diese Zeit der Angst so lange erscheint wie mein ganzes Leben. Muß ich denn nun tatsächlich für eine böse Tat büßen, die ich auf dieser Erde begangen habe? Ich will nicht sterben. Ich will unbedingt leben. Die Liebe meiner Mutter und meines großzügigen Vaters und die Liebe meiner Verlobten lassen mich hoffen. – Chubbie, wenn mir etwas passiert, dann gehe zu Deinen Eltern zurück und behalte nur meine guten Seiten in Erinnerung. Sicherlich habe ich auch andere Seiten, ich weiß, denn Du hast mir oft genug gesagt, was Du über mich denkst.

London, den 13. April 1933

Lieber Jack,

nun sind wir wieder in London. Dein Vater wollte unbedingt bei Bills Start dabeisein, obwohl ihm der Arzt abgeraten hat. Das war nicht sehr vernünftig, aber ich konnte ihn nicht davon abhalten. Er hätte es kaum verkraftet, in diesem wichtigen Moment nicht an seiner Seite zu sein. Also war es besser so, Du kennst ihn ja… Dein Bruder startete am Dienstag in aller Frühe. Der Start verlief sehr gut, Dein Vater und ich waren sehr stolz zu sehen, mit welcher

Leichtigkeit er sich in die Lüfte schwang. Es war sehr bewegend für uns. Der Bürgermeister von Lympne sowie ein paar Journalisten waren auch zugegen. Sie interviewten uns und schossen Fotos von Bill. Vielleicht hast Du die Zeitungsberichte gelesen. Ich sagte, es sei so etwas wie eine Wiedergeburt für Bill wie auch für uns und er verdiene einen Erfolg, denn Dein Bruder ist ein guter Mensch. In jenen vier Tagen logierten wir in dem großen Hotel von Folkestone; das Personal behandelte uns sehr höflich, und alles war sehr schön, wenn ich mir auch gewünscht hätte, daß das Zimmer etwas geräumiger gewesen wäre. Offensichtlich steigen in diesem Hotel vor allem Piloten ab, die einen Rekord innehalten. Vor dem Start trug sich Bill ins Goldene Buch ein, und wir fuhren dann mit der Taxe zum Flugplatz und zu dem Hangar, wo sein schönes, blaues Flugzeug auf ihn wartete. Nachdem er gehört hatte, daß sich auch ein anderer Pilot an diesem Rekord versuchen will, wollte er den Start trotz der ungünstigen Wetteraussichten nicht aufschieben.

Bill ist von seiner Sache überzeugt, und ich rechne fest damit, daß es ein Erfolg wird. In den letzten Tagen hat er das Flugzeug und alle seine Sachen mehrfach geprüft. Er sprach nicht viel, nicht einmal mit uns. Ich glaube, er war sehr angespannt. Ich wollte ihn nicht zu oft stören. Ich hatte ein paar Sandwiches mit Huhn belegt und ihm die Schokolade mitgegeben, die ich aus London mitgebracht hatte. Damit wird er auf dem Flug bei Kräften bleiben. Ich hätte mir gewünscht, daß er noch mehr Lebensmittel mitgenommen hätte, doch er sagte, er wolle sein Flugzeug nicht zu schwer beladen, damit er dadurch keine Zeit verliert. In knapp zwei Tagen sei er in Kapstadt, und wenn er auf der Passage ein wenig Hunger hätte, sei das auch nicht so schlimm. Nun, außer mir macht sich deswegen auch niemand Sorgen, Bill denkt nur an seinen Rekord. Das ist verständlich, Du weißt ja, wie wichtig dieser Flug für ihn ist. Er hofft, dadurch eine Stelle als Pilot zu bekommen. Und er weiß auch, daß wir viel Geld ausgegeben haben, damit er wieder fliegen kann. Papa hat keine Ausgaben gescheut, so sehr glaubt er an seinen Sohn. Er hätte zur Not sogar unser Haus verkauft. Nun ist er ein bißchen erschöpft, aber er ist glücklich, Bill auf dem Weg nach Kapstadt zu wissen. Er ist voll des Vertrauens und nicht so ängstlich wie ich. Ständig hört er Radio und kauft alle Zeitungen, um zu erfahren, wie der Flug vorangeht. Und auf einer großen Karte, die er oben in seinem Arbeitszimmer an die Wand geheftet hat, zeichnet er die Strecke ein, die Bill schon zurückgelegt hat. Jetzt, da ich Dir diese Zeilen schreibe, müßte er schon die Sahara überfliegen. Anscheinend verlor er infolge der Windverhältnisse über Frankreich ein wenig Zeit, und in Oran gab es offensichtlich ein Problem mit den Behörden, aber er kommt voran, und ich bin hoffnungsvoll. Ich bete die ganze Zeit, daß alles gutgeht. Ich gab ihm auch ein Gedicht mit, das ich kurz vorher verfaßt hatte. Hoffentlich bringt es ihm Glück.

Mein Schatz, ich muß nun zum Ende kommen und das Abendessen zubereiten.

Ich grüße Dich,
Deine Mutter

Meldung des Armeestützpunktes Gao an Stützpunkt Adrar*, 13. April 1933, 15 Uhr ■ Britischer Pilot in Reggane gestartet – stop – geplante Landung am Morgen in Gao nicht erfolgt – stop – Meldung an Dakar – stop – erwarten Anweisungen für eventuelle Suchoperation

14.40 Uhr

Recht und schlecht ein Signalfeuer vorbereitet. Planenteile abgeschnitten, zusammengerollt, an Kabel gebunden, die ich zu einer Schlinge gelegt habe. Werde Benzin darüberschütten, so müßten sie bren-

nen. Alle zwanzig Minuten während der Nacht. Die Sonne sticht, doch von Zeit zu Zeit verschafft mir ein leichter Wind ein wenig Kühlung.

15 Uhr

Ungefähr zwei Grad weniger. Habe gerade meine Kleider ausgezogen und sitze auf dem Pilotensitz. Trage nur mein Leibhemd und meine Unterhosen, die zum Glück aus Seide sind, so habe ich es relativ bequem. Als ich die Strümpfe auszog, sah ich die Stellen, die Chubbie so schön gestopft hat. Ein echter Leckerbissen ist die Tafel Schokolade, die Mutter mir beim Abschied zusteckte. Ich habe sonst kaum etwas zu essen. Der Geier ist weg, darüber bin ich froh; auch die anderen Vögel sind weggeflogen.

15.30 Uhr

Ich klammere mich an die Hoffnung, daß Chubbie etwas unternimmt. Ich weiß zwar nicht genau, was sie tun könnte, aber ich vertraue auf das, was sie machen wird. Als ich meine Geliebte zuletzt sah, sagte sie, daß sie auf jeden Fall etwas unternehmen würde.

16.15 Uhr

Ich werde bestimmt Schwindel und Ohnmachten haben, und so muß ich jetzt am Anfang soviel wie möglich schreiben, falls ich nachher nicht mehr kann. Ich werde dieses Buch in ein Stück Plane einwickeln, es mit einem Seil verknoten und es liegenlassen in der Hoffnung, daß es gefunden und den beiden Menschen überbracht wird, die ich am meisten liebe. Vielleicht habe ich auch Glück und werde gerettet. Ich kann etwa eine Woche überleben. Bitte, Captain, steig in dein Flugzeug und such mich!

16.30 Uhr

Ich traute meinen Augen nicht – aber ich habe gerade einen Sperling gesehen; das beruhigt mich außerordentlich, denn das heißt, ich bin nicht sehr weit von der Piste entfernt. Zwei Sperlinge. Die Wagen müßten um 18 Uhr aufbrechen, wenn es bis dahin keine Meldung von mir gibt. Ich glaube kaum, daß sie mich von der Piste aus sehen, vielleicht sehen sie das Feuer oder eine Fackel. Ich bete, daß es so ist. Dieser Tag will kein Ende nehmen, und dabei ist es erst der erste! Für den Fall, daß ich überlebe, habe ich Vorsätze gefaßt, an die ich mich auch halten werde.

Wie geht es Dir gerade, Chubbie?

Mutter, Deine Aufmerksamkeit und Deine Fürsorge fehlen mir.

In der Tasche des Erste-Hilfe-Kastens habe ich einen Spiegel gefunden und meine Verletzungen am Kopf untersucht. Häßliche Schrammen! Habe eine ganzes Fläschchen Merbromin *daraufgeschüttet und hoffe, so die Gefahr einer Blutvergiftung abzuwenden. Jetzt dauert es noch eine Stunde, bis die Wagen zu meiner Rettung aufbrechen. Wahrscheinlich werden die Londoner Zeitungen heute abend melden, daß ich vermißt werde. Chubbie ist bestimmt bestürzt, und das Herz meiner Mutter ist schwer vor Sorge. Ich kann nur hoffen, daß in Paris und London etwas unternommen wird. Wenn ich mich nicht irre, bin ich 150, 200 Meilen von Reggane entfernt. Komisch, daß ich mich kaum mehr daran erinnere, was vor dem Unfall geschah. Vielleicht kommt die Erinnerung später zurück.*

Ach, selbst schmutziges Badewasser würde ich nun trinken! Chubbie und Mutter sollten sich treffen und sich verstehen. Ich würde mir gerne vorstellen, wie sie sich umarmen und von mir sprechen, wenn mir etwas zustoßen sollte. Wenn ich hier wieder herauskomme, sorge ich ganz sicher dafür, daß sie Freundinnen werden.

17.15 Uhr

An Proviant hatte ich zwei Gallonen Wasser, eine Thermoskanne Kaffee und noch weiteres Wasser in der anderen Thermoskanne. Das trank ich gestern nacht, nachdem ich mich mühsam aus dem Cockpit herausgekämpft hatte. Heute trank ich alle halbe Stunde einen Schluck Kaffee, die Kanne ist immer noch nicht leer. Das Wasser werde ich einteilen: am Tag eine Thermoskanne Wasser, die ich aus dem Zwei-Gallonen-Kanister fülle (ich habe ihn aus dem Flugzeug geholt). Er ist praktisch noch voll und reicht für sieben Kannen, das heißt, in sieben Tage wäre ich ohne Wasser. Sollte ich Fieber bekommen, könnte ich mich bestimmt nicht mit nur einer Kanne pro Tag begnügen, aber ich bete, daß ich die Kraft dazu habe. Wer noch nie in der Wüste war, weiß nicht, was Durst bedeutet. Es ist die Hölle! Auch ich begreife das erst jetzt. Es macht einen wahnsinnig. Ich habe in meinem bisherigen Leben nicht einmal ein Zehntel der Qualen erlebt, die ich jetzt durchstehen muß, um zu überleben.

Bitte, kommt schnell. Um 18 Uhr ist es soweit. Noch vierzig Minuten, und dann los, Jungs. Hoffentlich bringt ihr Wasser mit.

Meldung des Stützpunktes Adrar an Stützpunkt Gao, 13. April 1933, 18 Uhr ■ Reggane benachrichtigt – stop – Transsaharische Gesellschaft schickt Fahrzeug auf Piste – stop – Suchoperation gestartet – stop – Posten von Ouallene* und Bidon V* in Alarmbereitschaft – stop – Luftwaffenkommando Französisch-Westafrika für eventuelle Intervention benachrichtigen – stop – halten Sie auf dem laufenden.

18.30 Uhr

So, es ist soweit. In Reggane, circa 150 Meilen von hier, hat sich ein Fahrzeug auf den Weg gemacht. Um 22.30 Uhr zünde ich das erste Feuer an, dann alle dreißig Minuten eine Fackel. Bin ein wenig geschwächt. Habe viel Blut verloren. Mußte ein halbes Pint Wasser trinken und unbedingt Salmiak einatmen, um meine Moral zu heben. Habe versucht, ein Stück Huhn zu essen; es ging nicht. Statt dessen konnte ich ein Stückchen Schokolade lutschen.

Wie mächtig und eigenartig die Hoffnung doch ist! Ich glaube wirklich, daß mich jemand retten wird. Doch in den letzten vierundzwanzig Stunden habe ich viel gelernt. Ich hoffe nur, daß ich Chubbie und meine geliebte Mutter wiedersehen darf.

Gegen 22.30 Uhr wird es ganz dunkel sein. Kein Mond. Werde versuchen zu schlafen. In den nächsten fünf, sechs Stunden wird bestimmt noch niemand kommen.

Depesche der Nachrichtenagentur United Press International, 13. April 1933 ■ Wie aus französischen Kreisen verlautete, ist Captain Lancaster bei dem Versuch, die Rekordflugzeit von London nach Kapstadt zu unterbieten, in der Sahara verschollen. Der britische Pilot startete am Mittwochabend in der Oase Reggane im Süden Algeriens nach Gao am Niger. Seitdem gibt es von ihm keine Meldungen mehr.

W. N. Lancaster war am vergangenen Dienstag in Lympne, Kent, gestartet, um den Rekord nach Kapstadt zu brechen, den Mrs. Amy Mollison hält.

Reggane, den 13. April 1933

Meine Geliebte,

zurück von meiner fast zweimonatigen Erkundungsmission in Rio de Oro*, erwarteten mich Deine Briefe und das Päckchen mit dem Wollpullover sowie den Marmeladegläsern. Welch ein Luxus, sich mitten in der Wüste ein Aprikosenmarmeladebrot gönnen zu können! Es schmeckt gut und hebt vor allem die Moral. Das braucht man in diesem Landstrich wirklich manchmal. Ich freue mich zu hören, daß Onkel Roger fast wieder genesen ist. Wenn er so weitermacht, ist er bis zur Ernte wieder auf den Beinen. Ich rate Dir, in Laugnac um Hilfe anzufragen, wenigstens für zwei Wochen, um Dir etwas Erleichterung zu verschaffen. Ich kann mir vorstellen, welche Mühen Du seit einigen Wochen auf Dich nehmen mußt und wieviel Arbeit es Dir macht, gegenwärtig für Deinen Vater sorgen zu müssen.

Für uns fängt nun der lästige Dienst an. Wir werden mindestens drei Wochen in Reggane bleiben, bevor wir wieder aufbrechen. Du glaubst gar nicht, wie sehr ich diese Zeiten im Fort hasse. Es herrscht eine tödliche Langeweile. Die Tage vergehen in Untätigkeit, wir spielen Karten, schlafen, reinigen unsere Gewehre und warten auf was weiß ich was. Dem ziehe ich die langen Touren in der Wüste (bei weitem) vor, auch wenn es hart und manches Mal auch gefährlich ist. Zumindest haben wir dann das

Gefühl, zu etwas nütze zu sein. Zugegeben, es ist auch aufregender, Gebiete zu durchstreifen, in die sich noch nie jemand gewagt hat, als in einem schäbigen Zimmer zu liegen und von dieser unerträglichen Hitze erdrückt zu werden. Zum Glück gibt es hier Briefe, die mir Trost spenden. Wenn Du wüßtest, wie sehr ich in diesen langen Wochen an Dich dachte. Manchmal stellte ich mir vor, wie ich, endlich aus meiner saharischen Einsamkeit und aus meinem Gefängnis ohne Gitter befreit, den Pfad von Rajade hinuntergehe, meine Siebensachen auf dem Rücken, und Dich treffe. Welch ein Glück, in Dein Bett schlüpfen zu dürfen, Deine Wärme, Deine weiche Haut und all die Freuden genießen zu dürfen, die mir hier versagt sind …

Ich habe mir überlegt, daß wir bei meiner Rückkehr ein großes Fest ausrichten könnten. Was hältst Du davon? So könnten wir alle Leute auf einmal treffen und uns die Strapaze ersparen, jeden Abend Besucher zu empfangen, die mich begrüßen wollen.

Die Kamele sind auf der Weide. Während der Erkundung war mein Tier wieder einmal unfehlbar. Habe ich Dir erzählt, wie ich es nenne? Von nun an heißt es Aman, auf tamaschek, der Sprache der Tuareg, bedeutet das »Wasser«. Für das andere Tier muß ich mir noch etwas überlegen, einen geeigneten Namen habe ich noch nicht gefunden. Wenn Du eine Idee hast – sprich! Doch all das ändert nichts daran, daß die Kamele nie gehorchen, wenn man sie ruft …

Sie leisten gute Dienste, aber man kann von ihnen nicht erwarten, daß sie sich wie treue Hündchen aufführen. Es läßt sie völlig kalt, wenn wir sie streicheln.

In diesen zwei Monaten haben wir uns in der Nähe von Rio de Oro mit drei anderen Meharisten*-Zügen angefreundet. Das war wirklich ein Ereignis! Die Exkursion war noch riskanter als sonst, denn dieses Tal ist immer noch völlig rebellisch. Von dort starten die kriegerischen Reguibat* und Ouled Delim* ihre Rezzu* auf unsere Karawanen und unsere Männer. Diese Burschen sind richtig unheimlich und sehen furchterregend aus mit ihren zottigen Haaren. Um einen Angriff durchzuführen, reiten sie unter Umständen über tausend Kilometer auf dem Kamel durch die Wüste. Letztes Jahr griffen sie eine Nomadensippe der Hodh* an und töteten den armen Lieutenant Mussat. Und in Adrar massakrierten sie einen ganzen Zug Meharisten. Mit diesen Leuten ist nicht zu spaßen, und sie kennen die Wüste sehr viel besser als wir. Jeden Abend zogen wir mit unserem Gepäck eine Barriere ums Lager. Ich schlief mit dem Gewehr in der Hand. Die Nachtwachen hatten Order, keine Feuer anzuzünden, damit man uns nicht sah. Tagsüber bewegten wir uns auf Wegen, wo man kaum Spuren hinterläßt, so schlugen wir gewissermaßen Haken, falls diese Burschen uns verfolgten. Ziel unseres Auftrags war, diesen Nomaden zu zeigen, daß wir ihre Lager angreifen können. »Wenn sie spüren, daß ihr Hab und Gut bedroht ist, werden sie mit den Überfällen aufhören«, sagen wir uns nun schon seit Monaten. Aber das ist nun erledigt; zumindest hoffe ich es. Ich will ihnen mit meinen Kameraden gewiß nicht im Erg Chech* oder anderswo begegnen.

Diese Woche ist die Temperatur auf 48° C gestiegen, und nach den Meldungen aus Algier soll die Hitze in den kommenden Tagen noch schlimmer werden. Und dabei ist es erst April! Da können wir uns auf etwas gefaßt machen, zumal uns die Sandstürme dieses Jahr offenbar auch nicht verschonen wollen. Während unserer Tour erlebten wir einen dreitägigen Sturm. Zum Glück beeinträchtigte er unser Fortkommen nicht allzu sehr – dennoch gibt es Schöneres. Auf dem Kamel kann man den Sand weitgehend meiden, man sieht die Böen über den Boden laufen, spürt aber die Auswirkungen kaum. Erst wenn man essen oder schlafen will, wird es schwierig. Man sollte sich nicht darauf verlassen, daß das Funkgerät in Gang gesetzt werden kann. Ich verbrachte viel Zeit mit dem Funker, einem gewissen Pélissié. Er versuchte, eine Verbindung mit Adrar herzustellen, und raufte sich vor seinem Gerät die Haare, weil es nicht funktionierte. Zum Glück ist er sowieso schon fast kahl. Glaub mir, in all diesen Wochen verschonte er uns nicht mit den schlimmsten Flüchen, es war wirklich amüsant. Dennoch fand er Zeit, mir zu erklären, wie das Gerät funktioniert. Ein netter Kerl, ein bißchen rauhbeinig zwar, aber sehr lustig. Er kommt aus Grenoble. Du würdest ihn bestimmt mögen. Stell Dir vor, er hat eine Verlobte in Paris, er will sie am Ende seines Dienstes kommen lassen und mit seinem Sold ein Stück Land bei Timimoun* kaufen, wo er Ziegen züchten will. Am lustigsten ist, daß sie, soweit ich verstanden habe, noch gar nicht weiß, was auf sie zukommt!

So. Essen fassen! Ich muß nun unterbrechen, schreibe aber danach gleich weiter.

11 Uhr

Ich hatte nicht damit gerechnet, daß ich so spät auf meine Stube komme; vor allem weil wir ausnahmsweise einmal gar nicht Karten gespielt haben. Allerdings unterhielten wir uns lange über den englischen Piloten, der in der Wüste vermißt wird. Unser Hauptmann informierte uns darüber. Er bekam Meldung aus Algier, daß ein Mann im Tanezrouft* verschollen sei, ein Pilot, der einen Rekord brechen wollte – soweit man weiß, wollte er die Rekordflugzeit von London nach Kapstadt unterbieten. Am Abend vor unserer Ankunft startete er von hier nach Gao. Seitdem gibt es keine Meldung mehr von ihm. Der Hauptmann meint, er könnte in einen Sandsturm geraten sein und habe irgendwo landen müssen. Ich hoffe nur, daß wir nicht den Auftrag bekommen, ihn zu suchen – bislang hatten wir nämlich noch gar keine Zeit, uns auszuruhen. Heute abend schickte die Transsaharische Gesellschaft schon zwei Fahrzeuge auf die Piste nach Gao. Vielleicht setzen sie auch den motorisierten Zug von Reggane ein. Wenn der Mann allerdings mitten im Tanezrouft abgestürzt ist, besteht so gut wie keine Hoffnung, ihn zu finden, und es wäre Irrsinn, uns auszuschicken. Ich zähle darauf, daß die Vorgesetzten uns nicht dort verheizen wollen. Der Tanezrouft ist ein weitläufiges Gebiet ohne Brunnen. Selbst die Nomaden wagen sich nicht oder nur sehr selten dorthin; sie nennen es »Land des Durstes«. Es würde zuviel Zeit kosten, uns Meharisten zu mobilisieren. Nur der große Cortier* wagte sich damals dorthin, um eine Trasse für die künftige transsaharische Eisenbahnlinie zu schlagen. Und er überlebte nur durch ein Wunder. Laperrine* hingegen verlor bei einem Flug über den Tanezrouft sein Leben. Er hatte sich verirrt und mußte landen. Sein Flugzeug überschlug sich, und er kämpfte zwei Wochen mit dem Tod – dabei war er unser bester Wüstenkundiger ... Ich werde mich also nicht darum reißen, dort hinzugehen, und wenn sie Freiwillige suchen, kannst Du jetzt schon sicher sein, daß ich im Fort bleiben und zusehen werde, wie meine Kameraden ihrer Marter entgegenmarschieren. Diesen Mann in der Wüste zu suchen kommt der Suche nach einer Nadel im Heuhaufen gleich.

Ich werde jetzt unter mein Moskitonetz schlüpfen und versuchen, trotz der Hitze ein wenig zu schlafen.

Ich küsse Dich innig,
René

Tagebuch von Chubbie Miller ▪ 13. April 1933

Ein fürchterlicher Tag. In der Nacht hatte ich so ein mulmiges Gefühl, und um 8.30 Uhr klingelte dann das Telefon ... Es war das Ministerium, das mir die schreckliche Nachricht überbrachte.

Die französischen Behörden haben die Suche eingeleitet. Weiß man denn überhaupt, wo er abgestürzt sein könnte? Hoffentlich geht alles gut. Ich habe solche Angst. Lieber Gott, hilf mir, hilf ihm!

Zweiter Tag

Auf dieser schönen Erde
Schenkt Gott uns Lohn und Leid,
Er, der die besten Männer holt,
Sie in die Wüste wirft und dem Durste opfert.

Lied der Tuareg

Karfreitag, 14. April, 6 Uhr

Ich hatte eine ziemlich gute Nacht ohne große Schmerzen. Meine Fackeln brannten sehr gut, jedes Mal gaben sie über eine Minute helles Licht. Alle fünfzehn oder dreißig Minuten zündete ich eine an. Und kein Mensch hat sie gesehen! Jetzt sitze ich wieder unter der Tragfläche. In der Nacht trank ich ein ganzes Pint, und nun muß ich mich bis 20.30 Uhr mit nur einer Kanne zufriedengeben. Jetzt ist klar, daß ich weiter von meiner Route abgekommen bin, als ich dachte, sonst hätte mich in der Nacht ein Wagen entdeckt. Ich habe keinen einzigen Lichtschein gesehen. Oh, ich bitte Euch so sehr – schickt jetzt Eure Flugzeuge aus. Ich fühle mich nicht stark genug und habe keine feste Nahrung mehr zu mir genommen, seit ich England verließ.

Selbstverständlich werde ich auch heute Streifen von der Planen schneiden und Fackeln machen.

L'Echo d'Alger ■ Gespräch mit dem kommandierenden General des 19. Armeekorps in Algier

Glauben Sie, daß der englische Pilot, der seit zwei Tagen vermißt wird, noch am Leben ist?
Wenn er einen Triebwerksschaden über dem Tanezrouft hatte, stehen die Chancen gut, daß er noch lebt; das Gebiet ist vollkommen flach und gestattet eine problemlose Landung. Doch vielleicht hatte er in der Luft einen schwereren Schaden. Im Moment haben wir darüber noch keine Informationen.

Wie lief die Suchoperation an?
Alle Armeeposten in der Region sind in Alarmbereitschaft versetzt, und ein Fahrzeug der Transsaharischen Gesellschaft wurde gestern abend auf die Piste Reggane–Gao geschickt. Auch wir konzentrieren unsere Suche auf das Gebiet Gao, weil er dort unter Umständen notlanden konnte. Leider wurde das Flugzeug bis jetzt nicht gesichtet.

Was wird der Pilot Ihrer Meinung nach unternehmen?
Er kennt sicherlich die Order, sich nicht von seinem Flugzeug zu entfernen. Nur so kann er gefunden werden. Wenn er sich zu Fuß auf den Weg macht, wird er nach wenigen Stunden verdursten oder an Entkräftung sterben, vor allem, wenn er verletzt ist.

Hat er Wasser- und Lebensmittelvorräte, mit denen er ein paar Tage überleben kann?
Das wissen wir nicht. Wir haben die englischen Behörden verständigt und erwarten demnächst genaue Informationen über die Ausrüstung des Piloten.

Mit welchem Flugzeugtyp ist er unterwegs?
Mit einer *Avro Avian,* einem Doppeldecker mit einem 110-PS-Motor von De Havilland und einer Reichweite von 2300 Kilometern. Die Geschwindigkeit dieses Modells beträgt circa 140 km/h.

Hat dieses Flugzeug ein Funkgerät an Bord?
Meines Wissens nicht. Die Geräte sind zu schwer, und die Piloten verzichten im allgemeinen darauf, wenn sie zu einem Flug starten, bei dem vor allem die Geschwindigkeit zählt. Wir erhielten seit seinem Verschwinden leider auch keine Notmeldung.

Wie muß er sich verhalten, um aus dieser Situation gerettet zu werden?
Er darf sich unter keinen Umständen anstrengen, er soll im Schatten seines Flugzeugs warten und sein Wasser strikt rationieren, solange er auf Rettung wartet. In der Nacht sollte er mit einer Leuchtpistole Signale geben, wenn er eine hat, oder ein Feuer anzünden, das man von der Piste aus sehen kann; sonst wird es äußerst schwierig, ihn zu fin-

den. Zum Glück ist der Tanezrouft ganz flach. Ein Feuer kann dort im Umkreis von vielen Kilometern gesehen werden.

War der Pilot Ihrer Meinung nach leichtsinnig?
Es gibt eine Sicherheitsvorschrift, die ein Pilot befolgen sollte, wenn er solche unwirtlichen Gebiete überfliegt: Er sollte sich nie von der Piste entfernen, vor allem wenn er alleine fliegt. Diese Piste wurde für die Luftwaffe mit weißbemalten Schuppen markiert, die alle zehn Kilometer aufgestellt wurden und aus der Luft zu sehen sind; das könnte dem Piloten eine Hilfe sein. In Bidon V hätte er auch einen Landeplatz, wo er auftanken und Öl nachfüllen kann, wenn nötig. Er wollte Zeit gewinnen, indem er vor Mondaufgang in Reggane startete. Er war zweifellos sehr optimistisch. Für Piloten ist die Piste wie der Faden der Ariadne – ihn loszulassen bedeutet ein Risiko, denn dann ist man allein, wenn es zu Treibstoffmangel oder zu einer technischen Panne kommt. Ein Kounta*-Sprichwort sagt: In der Sahara hat man den Zufall immer gegen sich.

Gibt es Nomaden in diesem Gebiet?
Die Nomaden fürchten und meiden dieses Gebiet seit jeher. Auch die alten Pisten zwischen den algerischen Palmenhainen und dem Niger umgingen diese weite Ebene. Es kursieren zahlreiche Geschichten über diese Region. Nach allem, was wir wissen,

gibt es dort weder Wasser- noch Weidestellen, aber bislang wagte sich auch kaum jemand dort hinein, und so haben wir, offen gesagt, nur wenige geographische und topographische Daten über dieses Gebiet. Daß eine Karawane den Piloten sichtet, ist unwahrscheinlich. Für uns Soldaten ist diese Region von trauriger Berühmtheit, nachdem General Laperrine dort nach zweiwöchigem Überlebenskampf den Tod fand. Bei dieser Gelegenheit möchte ich Capitaine Cortier meinen Respekt aussprechen; er durchquerte 1912 als einziger das Gebiet zwischen Ouallene und Achourat* mit zwei Nomaden und zwei Meharisten der Kompanie In Salah*, um eine Trasse für die künftige transsaharische Eisenbahn zu schlagen. Für diese Erkundung nahm er die größten Risiken auf sich. Aus dem Tanezrouft kommt nämlich selten einer zurück.

Sind Sie zuversichtlich, daß der Pilot lebend geborgen werden kann?
Ich zähle auf die Luftwaffe. Es passiert nicht zum ersten Mal, daß sich ein Pilot in der Wüste verirrt. Unsere Männer haben die erforderlichen Fähigkeiten und Kenntnisse, so daß wir in einem vernünftigen Rahmen zuversichtlich sein können. Unsere Männer werden in jedem Fall ihr Möglichstes tun, und ich kann Ihnen versichern, daß sie sogar ihr Leben aufs Spiel setzen, wenn es zur Rettung dieses Mannes nötig ist.

Paris, Café *Le Départ*,
14. April 1933, 11.15 Uhr

Ich bin zwar kein Pilot, aber ich kann Dir sagen, daß er keine Überlebenschance hat, wenn er im Tanezrouft verschollen ist. Ich habe den Tanezrouft 1930 bei der Sahara-Rallye* mit dem Wagen, einem *Delage*, durchquert. Es ist die Hölle. Alles ist flach, über Hunderte und Aberhunderte von Kilometern gibt es dort nichts. Nichts. Nicht einen einzigen Brunnen. Man fährt, und Himmel und Sand verschwimmen. Man folgt der Spur, weil man gar nicht anders kann, und man betet, daß der Motor durchhält und man keine Panne hat; man weiß, daß sonst alles sehr kompliziert wird. Die Piste ist markiert, die Soldaten haben Wellblechschuppen aufgestellt, sie sind weiß gestrichen, und normalerweise sieht man sie aus der Luft. Oft gibt es auch Kanister oder alte Kisten als Orientierungspunkte an der Trasse. Doch wenn man sich von der Piste entfernt und eine Panne hat, findet einen niemand mehr, man ist verloren, man verreckt, man verdurstet dort. Ich habe einen Toten gesehen, der auf diese Weise gestorben ist. Seine Haut war wie Pergament, sie war durch die Trockenheit ganz geschrumpft; es sah aus, als hätte er geschrien, bevor er starb. Es war schrecklich. Oft sind die Toten nackt, die Sterbenden waren verrückt geworden vor Hitze und hatten sich ausgezogen. Wenn man Durst hat, scheint die Zunge anzuschwellen und den Mund ganz auszufüllen; zumindest hatte ich diesen Eindruck. Und da unten im Tanezrouft muß man aufpassen – die Temperatur kann bis zu 60° C, manchmal auch 70° C ansteigen. Das Gebiet ist riesengroß. Es gibt dort nur Steine, die in der Sonne glühen, und Sand, soweit das Auge reicht. Wenn ein Wind weht, liegt Staubnebel über dem Boden, und man sieht gar nichts mehr.

Niemand würde sich dort hineinwagen, um einen Mann zu suchen, der sich verirrt hat. Das wäre zu gefährlich. Selbst die Soldaten tun das nicht. Natürlich lassen sie ihn nicht sterben, ohne etwas zu unternehmen, aber sie setzen nicht alles aufs Spiel, sie riskieren nicht ihr Leben für diesen Mann.

Nun, soweit ich aus der Zeitung weiß, handelt es sich um einen ehemaligen Piloten der Royal Air Force; somit hat er noch eine kleine zusätzliche Chance. Und man wird sicherlich auch versuchen, ihn zu finden. Doch er ist Zivilist, und die Soldaten werden für ihn keine unsinnigen Risiken eingehen. Das ist nun mal so. Wäre ich Oberst oder General, würde ich auch nicht anders handeln. Außerdem ist der Bursche ganz allein losgeflogen, um einen Rekord zu brechen; er wußte um die Gefahren. Dieser Mann ist zweifellos ein Abenteurer. Er mußte wissen, daß es auch schiefgehen kann, daß es ein Spiel ist, bei dem man auch verlieren kann. Dennoch ist es eine große Sache, die Sahara zu überfliegen und dann auch noch bis ganz unten nach Kapstadt zu kommen! Weißt Du, es würde mich überraschen, wenn die Soldaten für so einen verrückten Kerl in den Tod ziehen würden – und verrückt muß man schließlich sein, wenn man so etwas macht. Meinst Du nicht auch? Wie dem auch sei, die Chancen, daß man ihn findet, stehen fast gleich Null, vor allem wenn man nicht genau weiß, wo er abgestürzt ist. Zwischen Reggane und Gao liegen 1400 Kilometer. Das Militär unternahm damals alles Menschenmögliche, um Laperrine zu finden, dennoch ist er gestorben. Die Soldaten verehrten ihn, sie hätten ihn nie aufgegeben. Aber dieser Fall hier liegt anders.

9 Uhr

Meine Augen schmerzen wieder, die Lider sind so geschwollen, daß sie praktisch geschlossen sind. Ich fand bei meinen Sachen Joncalia, *eine amerikanische Salbe gegen Sonnenbrand, und trug sie auf die Lider auf. Das linderte den Schmerz. Die Sonne brennt immer mehr, es weht ein Wind, wenn auch ein heißer Wind, der mir etwas Kühlung verschafft. Die Temperaturschwankungen sind wirklich unglaublich. Bei Tag herrscht eine Gluthitze, nachts muß ich alle meine Kleider anziehen – Trikot,*

Hemd, dicker Pulli, Mantel, leichtes Blouson, Wollschal, lange Unterhose, Socken, Hose und Fliegerhose darüber. Und trotzdem friere ich noch. In der Nacht wird das Wasser sehr kalt, am Morgen fülle ich dann die Thermoskanne, damit ich tagsüber kaltes Wasser habe. Alle halbe Stunde trinke ich einen Schluck.

Ich habe mich noch nie zuvor in der Wüste verirrt, daher weiß ich nicht, wie ich meinen Flüssigkeitshaushalt am besten regulieren kann. Ich weiß nur eins: Wenn ich die Thermoskanne anhebe, um meinen kleinen Schluck zu nehmen, muß ich meinen ganzen Willen zusammennehmen, um sie nicht noch weiter anzuheben und einen richtigen Schluck zu nehmen – also ungefähr ein halbes Glas.

Ich weiß nicht genau, ab wann ich richtig schwach sein werde, doch in den nächsten zwei Tagen sicherlich noch nicht. Solange ich die Kraft dazu habe, werde ich mit Planenstücken Fackeln machen, die ich an Kabelschlingen anbringe.

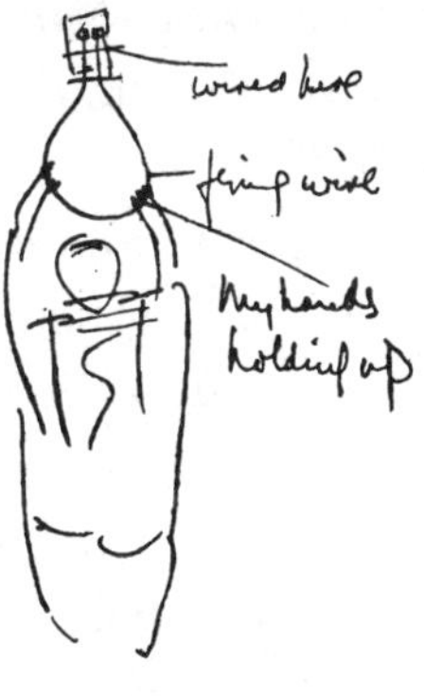

In der Nacht will ich etwa jede halbe Stunde eine Fackel anzünden. Ich zählte meine Streichhölzer – ich habe noch achtzehn. Ich muß das Feuer in der Nacht also so lange wie möglich am Brennen halten. Ich muß auch die Wrackteile verbrennen, sehr sparsam natürlich. An den oberen Tragflächen (in Wirklichkeit die Unterseite der unteren Tragflächen, weil das Flugzeug sich beim Absturz überschlug), werde ich die Plane belassen, damit mich die Flugzeuge sehen, die vielleicht zu meiner Rettung kommen. Wenn die Maschinen morgen in Reggane starten, könnte ich lebend geborgen werden.

Heute morgen wanderten meine Gedanken zu meinen Lieben. Ich versichere sie meiner zärtlichsten Gefühle und schicke ihnen all meine Liebe.

O Chubbie, meine Geliebte, werde ich Dich eines Tages wiedersehen?

Meine liebe Mutter, falls ich sterben muß, nimm für den Seelenfrieden Deines ältesten Sohnes Chubbie in Eurer Mitte auf und wache darüber, daß sie den rechten Weg einschlägt. Denn wenn ich überlebe, werde ich nicht nur alles tun, um für unseren Lebensunterhalt zu sorgen, ich schwöre auch, daß ich ganz für sie dasein werde.

Meine arme, alte Southern Cross Minor *– welch schlimmes Ende mußte sie nehmen! Smithy wird sicherlich traurig sein, wenn er das erfährt. Es war wirklich eine gute Maschine. Wenn ich daran denke, mit welcher Liebe meine Eltern mich bei diesem*

Rekordversuch unterstützten – und ich habe versagt! Welch ein Ort, um zu stranden! Bin ganz erschöpft, schreibe später weiter.

London, den 14. April 1933

Liebe Mrs. Lancaster,

wieder leben wir in Angst. Ich kann nachfühlen, wie schwer diese Stunden für Sie und Ihren Mann sind. Ich wagte noch nicht, es den Kleinen zu sagen; ich will noch ein paar Tage warten. Vielleicht trifft bis dahin ja eine gute Nachricht ein. Ich bete dafür. Ich bete für Bill, für Sie, für uns alle. Ich weiß nicht, wohin uns dieses Abenteuer führt. Seit sechs Jahren habe ich das Gefühl, immer tiefer in schwärzester Nacht zu versinken. Ich wünsche mir so, daß dies heute ein Ende hat und ein neues Leben beginnt, weniger aufregend, dafür harmonischer und sorgloser. Aber manchmal kann ich kaum daran glauben …

Wie Sie, so warte auch ich ständig nur darauf, daß er wieder im Fliegeroverall vor meiner Tür steht – nicht der Bill der letzten Jahre, sondern jener Bill, den ich kannte. Der Bill von Indien, von Halton, von Wendover. Der junge, enthusiastische Pilot, mit dem ich weit ausritt, der charmante junge Mann, der mir Schrecken einjagte, als er Rodeos ritt und mit dem Fallschirm absprang, und der in der *Red Rose Garage* Autos verkaufte und hoffte, damit ein Vermögen zu machen. Diesen Bill, der ein wenig unreif war, den ich aber liebte, der später so liebevoll zu unseren Mädchen war und den ich schon seit langem verloren habe. Von seinem Flug nach Sydney ist er nie zurückgekehrt. Ich warte noch immer auf ihn und hoffe, daß ihn mir die Wüste zurückgibt.

Nach dem Prozeß dachte ich, daß Bill zu mir zurückkehrt und wir wieder leben würden wie zuvor. Ich sagte mir, daß wir wieder zueinanderfinden könnten und daß von nun an nichts mehr zwischen uns stehen würde, denn diese Frau hatte ihn betrogen und laut in der Presse verkündet, daß sie ihn nicht mehr liebe. Doch ich begriff schnell, daß es nicht so einfach war und daß er Zeit brauchte. Seit seiner Rückkehr aus Miami hat Bill die Mädchen kaum gesehen. Er hat fast nie gefragt, wie es uns geht. Ich versuche mir einzureden, daß sein Stolz daran schuld war, daß seine Selbstachtung durch diese Geschichte verletzt war und daß ihn das daran hinderte, zu uns zurückzukommen. Ich versuche mir einzureden, daß ich Geduld haben muß, daß alles seine Zeit braucht, sicherlich mehr Zeit, als ich mir vorstelle, und vielleicht mehr Zeit, als wir uns alle vorstellen können.

Ich weiß, daß es auch für Sie eine große Erleichterung wäre, wenn er wieder zu seiner Familie zurückkehren würde. Wie sehr ich mir wünsche, er möge Ihnen dieses Geschenk machen! Schon damals, als ich vor vier Jahren nach New York reiste, um ihn zu treffen, hatte ich so darauf gehofft. Ich hatte mir vorgestellt, daß wir bald alle zusammen wieder nach Europa zurückkehren würden. Doch wie Sie wissen, hatte ich mich an eine falsche Hoffnung geklammert; das mußte ich dort einsehen. Und so fuhr ich auf diesem großen Dampfer enttäuscht und alleine nach Europa zurück. In die Scheidung willigte ich nicht ein, weil ich trotz allem noch an ihn glaube. Heute denke ich an unser Glück, an Ihres und an meines. Ich wünsche mir, daß Bill zurückkommt, daß er Sie treffen kann, daß Sie mit ihm sprechen können, Sie, die er so sehr liebt und die Sie mich in dieser schweren Zeit so sehr unterstützten. Wir brauchen Kraft, um die Hoffnung nicht aufzugeben.

Die Jahre vergingen, schwere Jahre voller Zweifel und Unverständnis. All die glücklichen Augenblicke scheinen mir schon so fern. Ich vergesse, was war, was gesagt wurde. Ich klammere mich an ein paar wenige Erinnerungen, die allmählich verblassen. Ich weiß nicht, ob mir noch ähnlich glückliche Zeiten beschieden sind, und so verharre ich in der Erwartung, ohne wirklich zu leben.

Seit diesem betrüblichen Flug ist mein Leben in der Schwebe. Nie habe ich mir ein anderes Leben mit einem anderen Mann vorgestellt. Ich versuche,

ED
ROS

»Neulich fand ich in ihrem Zimmer das Foto von Bill, das vor seinem Start in Australien aufgenommen wurde.«

Vertrauen in mein Schicksal zu fassen und zu beten. Zum Glück sind die Kleinen da und hindern mich am Grübeln. Sie treiben mich ständig zum Weitermachen. Seit einiger Zeit fällt mir auf, daß sie mich weniger nach ihrem Vater fragen, aber ich nehme an, daß sie viel miteinander sprechen. Neulich fand ich in ihrem Zimmer das Foto von Bill, das vor seinem Start nach Australien aufgenommen wurde. Sie hatten es in dem Album gefunden, das ich in meinem Schrank aufbewahre. Auf dem Foto sieht man, wie Bill mich küßt, bevor er ins Flugzeug steigt; Chubbie Miller sitzt schon in der *Red Rose* und sieht uns zu. Die Mädchen fragten mich mehrfach, wer diese Frau sei, die mit Papa den Rekord gebrochen hat. Und sie fragten mich auch schon oft, warum ich nicht auch selbst fliege und nicht mit ihrem Vater mitgeflogen sei, um den Rekord aufzustellen. Ich glaube, sie haben einiges begriffen …

Heute ist Bill in der Wüste verschollen, wie er auch in seinem Leben verschollen ist. Ich würde mir wünschen, daß er wieder den Weg zu uns findet. Ich bin bereit, ihn in unserem Heim willkommen zu heißen und ihm zu verzeihen. Wir müssen die verlorene Zeit wieder aufholen, wir haben zu viele Jahre verstreichen lassen. Eines Sonntags werden wir uns vielleicht alle zusammen bei Ihnen zu einem schönen Essen versammeln wie früher. Ich habe gehört, daß die Wüste einen Menschen verändert kann, daß die Erfahrung der Einsamkeit ihn oft auf das

Wesentliche zurückwirft, auf das, was wirklich im Leben zählt.

Ich bin sicher, daß er in diesem Moment ganz fest an Sie denkt, wo er auch sein mag. Ich hoffe, daß er auch an seine Töchter denkt und alles tun wird, um sie wiederzusehen. Ich verliere die Hoffung nicht und grüße Sie herzlichst.

Kiki

10.30 Uhr

Untersuchte gerade meine Verletzungen. Am beunruhigendsten sind immer noch die Schnitte an der Nasenwurzel und vor allem die Wunde über meinem linken Auge. Ich habe schreckliche Angst vor einer Blutvergiftung. Es war langwierig und schmerzhaft, den Verband zu entfernen. Nun weiß ich nicht, ob es besser ist, die Wunden zu verbinden oder sie an der Luft heilen zu lassen; in der letzten oder vorletzten Nacht ist viel Sand in die Wunden geraten. Selbstverständlich bin ich sehr enttäuscht, daß ich in der Nacht keine Scheinwerfer sah. Jetzt warte ich auf Flugzeuge, viele Flugzeuge.

Die Versuchung, mich über die Thermoskanne herzumachen, ist schrecklich. Sie enthält solch einen köstlichen Nektar! Das ist momentan mein einziger Wunsch: Wasser, Wasser, Wasser. Mutter, was würdest Du denken, wenn ich mich ins Badezimmer stürzen, meinen Kopf ins Badewasser – sauber oder schmutzig – stecken und alles austrinken würde?

Sah gerade einen weißen Schmetterling und eine Libelle – nein, ich träume wirklich nicht. Es bestärkt mich in der Hoffnung, sowohl in der Nähe einer Oase als auch unweit der Piste zu sein. Kommt, Flugzeuge!

Komisch, aber ich hatte heute nacht genausoviel Durst wie am Tag – komisch, weil es, wie gesagt, nachts richtig kalt ist.

Der Wind hat von Nordost nach Südwest gedreht. Er weht stark und ist sehr heiß. Von 10.30 bis 16.30 Uhr ist es eine wahre Marter!!!

Wenn ich mich zu schwach fühlen sollte, schreibe ich nicht mehr in dieses Buch, also werde ich es in ein Stück Plane wickeln und an meine Mutter adressieren. Ich schildere hier ganz aufrichtig alle meine Gedanken und Gefühle, während ich auf Hilfe warte. Oder auf das Ende. Wenn es das Ende ist, das Gott mir zugedacht hat, so werde ich diese Erde in Würde verlassen.

London, Hyde Park, 13.43 Uhr

Alle diese Erinnerungen kamen mir, als ich hörte, daß Bill Lancaster in der Wüste verschollen ist. In der Nacht konnte ich nicht schlafen, die halbe Nacht saß ich auf der Bettkante. Ich verspürte sogar wieder Schmerzen im Unterleib, dabei hatte der Arzt mich für geheilt erklärt. Weißt Du, es war, als wäre ich wieder von einer Granate getroffen worden. Ich dachte sogar einen Augenblick lang, die Kameraden kämen und trügen mich nach hinten. Ich glaubte, Lancasters Gesicht wieder zu sehen. Und ich glaubte, ihn zu mir sprechen zu hören, dann aber wirkten die Medikamente, und ich schlief ein. Am Morgen wachte ich ganz zerschlagen auf. Ich war immer noch in den Schützengräben von Ypern. Ich fror. Ich schlotterte. Ich spürte den eiskalten Boden unter mir. Ich spürte mein warmes Blut, das über meinen Schenkel, meinen Bauch rann. Ich rührte mich nicht. Ich hörte Röcheln. Das Röcheln derer, die mit dem Tode rangen. Wie ich. Röcheln, überall. Ich sah plötzlich Lichtkreise, hellgleißend, und diese sämige Flüssigkeit auf meinem Bein, mir wurde schwarz vor Augen, ich hatte Kopfschmerzen, ich zitterte, es war so warm auf meinem Bein, und dann hörte ich, wie Explosionen die Stille zerrissen, schwere Einschläge, die mir im Schädel dröhnten, und das traf mich ins Mark. Schrecklich, so etwas zu spüren.

Ich erinnerte mich an diesen Jungen von dem Schiff, das in Australien ausgelaufen war. Man zog in den Krieg. März 1917. Er war ein tapferer Bursche, ein verwegener Kerl, der technisch sehr versiert war. Deswegen wurde er von der RAF* aufgenommen. Sonst hätte er das nie geschafft. Will sagen, sonst wäre er nie Pilot geworden. Zusammen landeten wir in Frankreich, zusammen waren wir im Schützengraben. Wir lernten den Krieg kennen, die 210-mm-Granaten, die Feuerstöße aus den Maschinengewehren, Kälte, Dreck, Seuchen, Gestank, Angst, notdürftig begrabene Leichen, über die man stolperte – all das lernten wir zusammen kennen. Anfangs dachten wir noch, wir würden den Krieg in wenigen Tagen gewinnen, wir dachten sogar, wir würden bis nach Berlin vorstoßen, wir dachten, wir seien stärker als die anderen. Aber wir waren armselige Dummköpfe, wir hatten es sogar eilig, in den Kampf zu ziehen. Doch dann fingen wir an zu verstehen, wir begriffen, wo wir da hineingeraten waren. Und von diesem Moment an wollten wir nur noch raus. Wir waren voller Dreck, wir sahen aus wie Leichen, wir warteten nur noch darauf, daß man uns begrub – wir waren ja schon fast begraben, wir vergruben uns selbst in den Schützengräben. Wir warteten nur darauf, daß der Tod käme. Oft mußten wir nicht lange warten. Ich erinnere mich, daß man uns vor der Messines-Offensive zur Ausbildung nach hinten beorderte. Dort steckte sich Lancaster mit dem Flug-Virus an, denn in der Nähe war eine Fliegerstaffel stationiert, und es war ein großes Vergnügen zuzusehen, wie die »Asse« abhoben. Das mußte man gesehen haben – sie waren so alt wie wir, ohne Erfahrung, manche hatten kaum zwanzig Flugstunden. Wir beneideten sie. Sie schliefen in beheizten Unterkünften, in richtigen Betten, und bekamen richtiges Essen. Und für alle Welt waren sie Helden, mutige Männer, die ehrenvoll fielen. Wir, wir schliefen mit den Ratten, in der Kälte, umgeben von Stacheldraht, wir verreckten unter Granateneinschlägen, ruhmlos, namenlos.

Die Piloten griffen Bahnhöfe, Eisenbahnlinien und sogar Stützpunkte an. Das war gefährlich, denn sie flogen allein. Sie unternahmen auch viele Aufklärungsflüge. Die deutschen Flugzeuge hingegen flogen mit ihrem »fliegenden Zirkus« in Formation, manchmal zu vierzigst, und griffen von oben oder von hinten an. Sie waren stark. Sie holten unsere Männer vom Himmel, ohne daß diese noch reagieren konnten. Und dann hatten diese armen Schlucker nicht einmal Fallschirme. Das war nicht erlaubt. Die Regierung war der Meinung, Fallschirme seien zu schwer und zu kompliziert in der Handhabung. Diese Idioten in den Ministerien dachten wirklich, Fallschirme würden den Mut unserer Soldaten schwächen; sie waren der Meinung, ohne Fallschirme würden die Männer bis zum bitteren Ende kämpfen und dem Feind das Leben schwermachen.

Bill wollte unbedingt in die Staffel aufgenommen werden und sprach mit einem Unteroffizier der Australian Flying Corporation. Im Schützengraben las er ein Buch über den Bau der *Nieuport**, das ihm ein Soldat geliehen hatte. Er sagte immer wieder, daß er schnell fliegen lernen wollte, er träumte davon, ein Albert Ball* zu werden und Dutzende von Flugzeugen abzuschießen.

Abends unterhielten wir uns oft, wir versuchten, durchzuhalten und nicht an den Krieg zu denken. Wir sprachen über Australien, über die Stadtteile von Sydney, die uns gefielen. Wir erinnerten uns an die gewundenen Straßen von Kings Cross mit ihren Künstlern, Prostituierten, Homosexuellen und Kriminellen. Wir versuchten uns an jedes Schaufenster in der Wollcott Street zu erinnern – »the dirty half mile« mit ihren drei Bordellen – oder an die William Street mit ihren Kneipen und dem großen chinesischen Teehaus, wo ich Stammgast war. Wir erinnerten uns auch gerne an das Scheppern der Trambahnen, wenn sie die Straßen hinunterflitzten und ihre Klingeln schellten; an die Fähre *Isle of San,* die uns zum Manly Beach brachte, wo wir uns einen schönen Tag machten; an den Gewürzladen in der Darlinghurst Road; wo es so wunderbar roch; an »Charlie the Pieman«, der ein Vermögen damit gemacht hatte, selbstgebackene Apfelkuchen in der Darlinghurst Road zu verkaufen; an die Theater und Lichtspielhäuser in der Victoria Street, wo ich mir *Tarzan* angesehen habe. Bill liebte diese Orte, und es tat ihm gut, darüber zu sprechen.

In Australien lebte er bei seinem Onkel in der Neild Avenue. Damals schickte man oft junge Männer aus England zur Ausbildung in die Dominions. Die Regierung förderte diese Aufenthalte. Doch als Bill nach Australien kam, war leider der Krieg ausgebrochen und das Ausbildungsprogramm ausgesetzt worden. Bill mußte Gelegenheitsarbeiten verrichten. Zuerst arbeitete er als Elektriker; darauf verstand er sich, weil seine Mutter ein Buch über die Nutzung der Elektrizität im Haushalt geschrieben hatte, wenn ich mich recht entsinne. Das war damals etwas ganz Neues, man war es noch nicht so richtig gewöhnt. Dann fuhr er mit dem Zug nach Hay in New South Wales und arbeitete bei einem Schafzüchter. Die Arbeit war hart, aber es gefiel ihm dort. Er ritt über die weiten Ebenen und hütete eine Herde von mehreren hundert Tieren. Er wurde ein sehr guter Reiter und konnte zur australischen Kavallerie gehen. Dann zog er nach Frankreich in den Krieg.

Vor der großen Offensive bekam ein jeder im Schützengraben einen Brief von Major General Monash. Er schrieb, man müsse bereit sein, der Angriff stehe bevor und bald würden wir in die Geschichte eingehen. Monash schrieb auch, daß die Deutschen in Bullecourt australische Kriegsgefangene verhungern ließen. Er verlangte, daß wir im Kampf unerbittlich wären, er meinte, dies sei der Wendepunkt des Krieges – kurz, das Geschwätz der Generäle eben, und wir Dummköpfe glaubten das auch noch. Wir hatten Bammel, aber wir hatten auch Lust, zu kämpfen und dem Ganzen ein Ende zu machen. In der Nacht des Angriffs, genau um 3.10 Uhr, kam die Artillerie zum Einsatz und ließ große Minen explodieren, die in unterirdischen Gängen unter den feindlichen Linien gelegt waren. Die Erde zitterte, es war wirklich wie bei einem Erdbeben. Bill, einige andere Kameraden und ich stiegen auf den Brustwall und sahen zu. Ein Wahnsinnsspektakel!

Dann bekamen wir den Befehl zum Angriff. Wir stürmten aus den Schützengräben und liefen zu den feindlichen Linien – da zerriß eine Kugel aus einem Maschinengewehr meinen Schenkel und einen Teil meines Bauchs. Lancaster schrieb mir mehrmals ins Lazarett, er teilte mir mit, daß die Offensive erfolgreich gewesen sei und wir die Höhe von Messines wiedererobert hätten; aber das änderte nichts – der Krieg ging weiter wie zuvor. Im Herbst schrieb er mir, daß er zur Australian Flying Corporation gehe. Er war glücklich. Doch nach ein paar Monaten bekam ich keine Briefe mehr, und ich erfuhr, daß er einen schweren Unfall gehabt hatte; beim Rückflug von einer Mission war er in einem Schneegestöber abgestürzt. Wir verloren uns aus den Augen. Erst anläßlich seines Rekords hörte ich wieder von ihm. Es war beeindruckend, in Zeitungen oder auf Werbeplakaten des Flugzeugbauers *Avro* sein Foto zu sehen. Und dann stand er in Miami vor Gericht. Ich war doch sehr überrascht, daß er des Mordes angeklagt war; er war doch so ein guter Mensch. Gleichzeitig sagte ich mir, daß er vielleicht den Kopf verloren hatte, nachdem seine Verlobte ihn betrogen hatte. Jeden Tag verfolgte ich den Fortgang des Prozesses in der Presse. Als bekannt wurde, daß Bill den Brief geschrieben hatte, der bei der Leiche gefunden worden war, sagte ich mir, daß es vorbei sei, daß es Mord und nicht Selbstmord war und daß man Bill zum Tode verurteilen würde. Ich freute mich, als er schließlich freigesprochen wurde, denn am Ende war ich von seiner Unschuld überzeugt. Ich war mir sicher, daß er diesen Brief im Affekt, in einem Augenblick der Panik geschrieben hatte, denn er wußte genau, daß man ihn des Mordes anklagen würde.

Als er dann nach England zurückkehrte, wollte ich ihm schreiben und ihn beglückwünschen, doch dann sagte ich mir, daß es die Mühe nicht lohnt, daß es keinen Grund gibt, ihm zu schreiben.

Ich hoffe, daß man ihn nun findet. Es würde mir leid tun, wenn er einfach so in der Wüste sterben müßte, nachdem er schon ähnliche Situationen gemeistert hat. Und mich schmerzt der Gedanke, daß seine Eltern soviel Geld ausgegeben haben, um ihm zu helfen und dieses Flugzeug zu kaufen. Lancaster hat mir im Krieg oft von seinen Eltern erzählt.

13.45 Uhr

Habe Kopfschmerzen, fühle mich sehr schlecht. Rieb meine Stirn mit ein bißchen Alkohol aus dem Kompaß ein. Das Verdampfen verschaffte mir ein paar Sekunden Kühlung. Sonst nichts. In ein paar Tagen werde ich zu schwach sein, um weiterzuschreiben. Meine Gedanken sind bei Mutter und Chubbie – ich liebe Euch alle beide.

Funkspruch eines Fahrzeugs der Transsaharischen Gesellschaft an Adrar, 14. April 1933, 16 Uhr ■ Bidon V erreicht – stop – Suche negativ – stop – Weiterfahrt Richtung Gao – stop – bitten um Luftunterstützung

Reggane, den 14. April 1933

Meine Geliebte,

heute morgen spazierten Berthelot und ich durch den Palmenhain. Es ist noch derselbe Anblick, seit unserem Aufbruch hat sich nichts verändert – die Lehmhäuser, die teilweise eingestürzt sind; die zerlumpten Kinder, die lachend auf uns zu laufen; das Quietschen der Flaschenzüge, mit denen das Wasser aus den Brunnen geholt wird; die schwarzen Frauen, die die Gräben bewässern. Hier hat sich nichts verändert. Zeit existiert nicht. Und es gibt immer die gleichen Anliegen. Ein alter Mann klagte über Zahnschmerzen. Eine Frau bat uns, ihr zu folgen – was wir auch taten; sie zeigte uns ihr Kind, das an Malaria leidet. Das Kind war schmutzig, mit erloschenem Blick lag es im Halbdunkel auf einer Strohmatte. Wir versprachen, mit dem Sanitäter zu sprechen; er ist ein netter Mann und wird sicherlich etwas unternehmen. Ich habe gehört, daß er in der Nähe von Fort Adrar eine Krankenstation für Einheimische aufbaut. Das halte ich für eine ausgezeichnete Idee, und wir würden gut daran tun, auch hier so etwas einzurichten. Glaub mir, hier gibt es viel zu tun, ein Arzt langweilt sich hier nie.

Nach der Mittagsruhe ging ich zu Pélissié und fragte ihn, wie weit die Suche nach dem englischen Piloten gediehen sei. Die Fahrzeuge, die auf die Piste geschickt wurden, haben ihn bislang noch nicht entdeckt. Sie haben Bidon V erreicht und fahren nun weiter Richtung Gao. Ich bezweifle sehr, daß sie ihn finden, es sei denn aus einem unverhofften glücklichen Zufall. Der Pilot hatte wohl sehr erschöpft gewirkt, als er in Reggane landete. Er nahm hier im Fort ein Essen mit dem Kommandeur des motorisierten Zuges ein und ruhte sich lediglich zwei Stunden in einer Stube der Transsaharischen Gesellschaft aus. Dann bat er darum, wieder zu seinem Flugzeug gebracht zu werden. Der Direktor der Transsaharischen Gesellschaft und der Kommandeur des Fort fuhren ihn zum Flugplatz und wollten ihn noch überreden, mit dem Start zu warten, bis der Mond aufgegangen ist, weil er sonst der Piste nach Gao nicht folgen könne. Doch der Mann wollte nichts davon wissen und startete gleich. Anscheinend ist er nicht einmal versichert. Er drehte über dem Gelände noch eine Schleife, dann flog er direkt nach Osten. Das war nicht besonders erstaunlich, weil die Piste erst nach Südosten führt, bevor sie dann geradewegs nach Süden läuft.

Laut dem Kommandeur hat der Pilot die Markierung verpaßt, wo die Piste nach Süden abbiegt. Sieh in den Zeitungen nach, ob sie über ihn berichten; er heißt Lancaster. Außerdem hat er, soweit man weiß, kein Licht im Cockpit und nur einen normalen Kompaß, um sich zu orientieren. Er navigiert mitten in der Nacht nach Gefühl! Das ist wirklich riskant. Vielleicht ist er auch am Steuer eingeschlafen. Du lachst – aber das ist vor nicht allzu langer Zeit einer englischen Pilotin passiert, die sich an demselben Rekord versucht hat.+

Sie landete in In Salah und dachte, sie sei in Reggane; das sind 350 Kilometer Unterschied. Sie gestand, daß sie am Steuer eingeschlafen war. Davor mußte sie noch eine Notlandung machen, weil ihr das Benzin ausgegangen war. Die Luftwaffe fand sie. Am erstaunlichsten ist, daß Lancaster sich schon auf die Suche nach ihr machen wollte. Zumindest sagte er das, als Lecerf ihm von diesem Vorfall erzählte.

Mailloux, der während des Weltkriegs Mechaniker war, glaubt vielmehr, daß der Engländer einen Triebwerksschaden hatte. In den Sandstürmen der letzten Tage hatten sich vielleicht die Kolben festgefressen; das fürchten alle Flieger hier in der Sahara. Die Fahrzeuge oder Flugzeuge, die sich in die Wüste wagen, werden ständig geschmiert, sonst haben sie schon nach wenigen Kilometern einen Motorschaden. Die sandigen Motoren werden mit Benzin gereinigt und mit Öl oder einer Art Gallert geschmiert – das übrigens aussieht wie Johannisbeergelee. In Mauretanien werden die *Potez*-Triebwerke nach nur neunzig Flugstunden ausgemustert; wie mir

+ Es handelt sich um Lady Bailey, die am 15. Januar 1933 in London an Bord einer kleinen *Puss Moth* mit 135 PS startete, um den Geschwindigkeitsrekord nach Kapstadt zu brechen.

Mailloux erklärte, dringt durch die Ansaugstutzen Sand in die Vergaser. Hier ist man nie vor Überraschungen sicher. Erst kürzlich stand ein Leutnant der Luftwaffe wegen dieser vermaledeiten Sandkörner schreckliche Ängste aus – er konnte bei der Landung den Gashebel nicht zurücknehmen, um die Geschwindigkeit zu verringern; der Hebel bewegte sich keinen Millimeter, weil er sich wegen des Sandes festgefressen hatte. Und so mußte der Pilot die Zündung ausschalten. In diesem Moment erfaßte ein paar Meter über dem Boden ein Windstoß das Flugzeug, brachte es aus dem Gleichgewicht, und die Maschine stürzte ab. Die Jungs können von Glück sagen, daß ihnen nichts passiert ist. Ich weiß nicht, ob der Engländer auch solches Glück hatte. Wie Mailloux sagt, kann ein Sandsturm selbst den Holzpropeller angreifen und ihn außer Funktion setzen, wenn man keine Vorsichtsmaßnahmen ergreift. Offenbar benutzt man für bestimmte Flüge nun verkleidete Propeller oder Propeller aus Stahl, und man fliegt in mehr als 1500 m Höhe, wo kein Sand mehr in der Luft ist.

Nun, wie Du siehst, beschäftigt uns diese Geschichte sehr, und wir können diesem Mann nur danken, daß er ein wenig Abwechslung in unseren Aufenthalt hier bringt. Natürlich hoffen wir, daß der arme Kerl überlebt.

René

15 Uhr

Fast eine ganze Kanne geleert, vor 18 Uhr breche ich die Reserven aber nicht an. Mein Wasser reicht noch für fünf, sechs Tage – damit haben sie wohl noch vier oder fünf Tage (ein Tag ist schon vergangen), um mich zu finden. Gelte nun wohl seit fast zwei Tagen als vermißt.

Miami, den 14. April 1933

Sehr geehrter Herr,

wie ich haben sicherlich auch Sie gehört, daß Bill Lancaster verschollen ist. Diese Nachricht bereitete mir nicht unbedingt Freude, aber wie ich gestehe, brachte sie mir in meiner Trauer auch Trost wie ein heilendes Balsam, das man auf eine schmerzende Wunde aufträgt. Wenn es eine menschliche Gerechtigkeit gibt, so gibt es sicherlich auch eine göttliche, und nur sie ist die wahre. Die Menschen sind zu unvollkommen, um eine Gerechtigkeit walten zu lassen, die ihres Namens würdig wäre. Dank Ihrer Fähigkeiten und Ihrer Erfahrung entkam Herr Lancaster dem elektrischen Stuhl. Trotz der schlagenden Beweise für seine Schuld konnten Sie die Geschworenen von der Unschuld dieses Mannes überzeugen und ihnen einreden, mein Sohn habe Selbstmord begangen. Wie Sie sich vorstellen können, ist und bleibt dieser 17. August 1932 ein schwarzer Tag in meiner Erinnerung. Doch in Wirklichkeit konnten Sie Ihrem Mandanten nur eine kurze Gnadenfrist verschaffen, und ich glaube, daß ihm die göttliche Gerechtigkeit nun – fast auf den Tag genau acht Monate nach dem Tod meines Sohnes – irgendwo in der Wüste zuteil wurde.

Ich hege keinen Haß gegen Sie, denn auch ich zweifelte ganz zu Anfang an Lancasters Schuld, nachdem er mir am Tag nach Harolds Ermordung geschworen hatte, er sei unschuldig und habe den tödlichen Schuß nicht abgefeuert. In jenem Moment lag eine Aufrichtigkeit in seinem Blick, die mich anrührte. Ich glaubte ihm, ich schloß ihn sogar in die Arme und versuchte, ihn zu trösten – eine gräßliche Sache, die ich heute bereue: Ich hatte den Mörder meines Sohnes in die Arme geschlossen, diesen Menschen, der mir genommen hat, was mir am teuersten war … Dann fand der Prozeß statt, und die Wahrheit kam ans Licht – nicht die Wahrheit, an die Sie glauben oder vorgeben zu glauben, sondern die Wahrheit über ein Verbrechen, das ein haßerfüllter Mensch begangen hat. Lancaster gestand, eigenhändig den Brief geschrieben zu haben, der neben Harold gefunden wurde und in dem er angeblich die Gründe für seinen Selbstmord darlegt. Das ist in meinen Augen Beweis genug – alles andere zielt nur darauf ab, einen niederträchtigen Mord zu vertuschen. Seit diesem Tag sind die scheinheiligen Behauptungen dieses Mannes nur das abscheuliche Theaterspiel eines Feiglings, der seinem gerechten Urteil entkommen will.

Sein Verschwinden ist ein Wink des Schicksals, den Sie nicht ignorieren können. Es macht die Ungerechtigkeit wieder gut, die meinem Sohn widerfuhr, es trägt den Widerhall eines Geständnisses in sich, des späten Geständnisses eines Verbrechers, der mein Leben zerstört hat, es ist der endgültige Beweis für die Schuld dieses Mannes. Und wenn er nicht Opfer eines Unfalls wurde, so wählte er vielleicht den Freitod, um sein Gewissen zu erleichtern, weil er die Bürde seiner ungesühnten Tat nicht mehr tragen konnte.

Sie glauben, daß Sie Bill Lancaster retten konnten, aber trotz all Ihrer Fähigkeiten können Sie gegen die göttliche Strafe nichts ausrichten.

Man feiert den Tod eines Menschen nicht, aber ich denke, an diesen Ostertagen kann man mit Fug und Recht behaupten, daß die Gerechtigkeit wiederhergestellt wurde.

Mrs. Fraser

Tagebuch von Chubbie Miller ■ 14. April 1933

Den ganzen Tag rief ich immer wieder auf dem Ministerium an. Die Franzosen setzen die Suche fort, aber von Bill fehlt jede Spur.

Journalisten riefen an. Hatte keine Lust, mit ihnen zu sprechen.

Dritter Tag

Höre, höre den Wind, der pfeift,
Es ist die Wüste, die in der Erinnerung
An alles Vergangene weint.

Lied der Nomaden

Samstag, 15. April (dritter Tag)

Habe heute nacht viel geschlafen, war erschöpft und konnte mich nicht wach halten. Ich muß nun jedes Quentchen Energie sparen, das ich noch habe, muß noch drei, vier Tage durchhalten und auf Rettung hoffen. Sollten sich noch heute Flugzeuge auf die Suche nach mir machen, habe ich gute Chancen, gerettet zu werden. Das Wasser reicht noch drei, vier Tage, es sei denn, ich schnappe über und trinke alles auf einmal. Meine Verletzungen machen die Sache auch nicht einfacher, ich habe viel Blut verloren, und wenn die Sonne im Zenit steht, habe ich schreckliche Schmerzen. Aber bitte – ich will nicht über mein Unglück lamentieren, schließlich bin ich aus freien Stücken gestartet; das ist Berufsrisiko, und ich muß das Spiel nun bis zum Ende mitspielen.

Chubbie, ich hoffe, Du konntest ausreichend Interesse bei den Leuten wecken, damit sie sich auf die Suche nach mir machen.

Und ich hoffe, auch Du, liebe Mutter, warst beharrlich gegenüber jenen Personen, die auf die französische Regierung Druck ausüben können.

In Oran traf ich einen französischen Piloten, der

sicherlich versuchen wird, eine Starterlaubnis zu bekommen, um mich zu suchen. Wenn in Reggane mehrere Maschinen stationiert sind, kommt die Hilfe von dort, ich bin nämlich nur 150 Meilen von diesem Ort entfernt.

Die Stunden zwischen 11 und 16.30 Uhr sind kräftezehrend. Die Hitze ist grauenvoll. Auch wenn ich gerettet werde, wird dieser Unfall Nachwirkungen haben, das ist unvermeidlich. Aber das ist mir egal. Ich will nur eins: Wasser. Ich wünsche mir ständig nur das. WASSER.

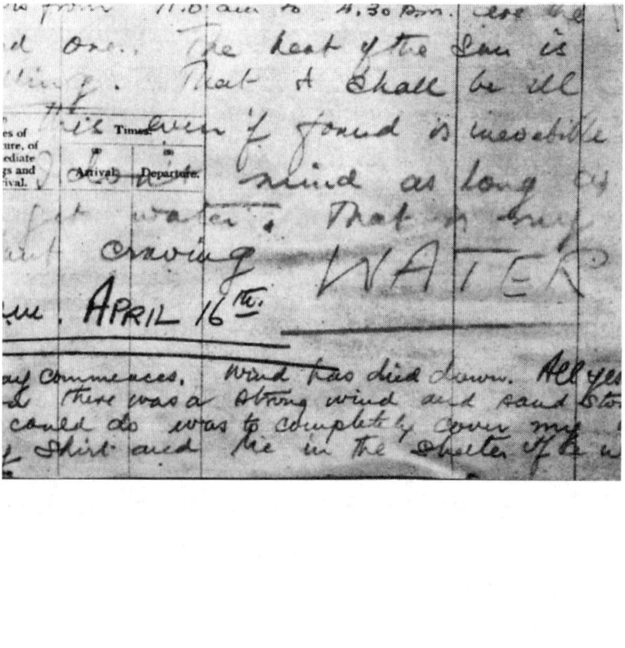

Ist der Organismus einem Wassermangel ausgesetzt, wird der Durst und die Ausschüttung eines antidiuretischen Hormons angeregt, damit die Urinproduktion verringert und der Wasserhaushalt ausgeglichen wird.

Bei 2% Dehydration verspürt der Mensch ein allgemeines Unwohlsein, er ist durstig und appetitlos. Die Haut wird trocken (wenn man in die Haut kneift, entsteht eine Hautfalte), auch die Schleimhäute trocknen aus (trockener Mund). Es bilden sich Augenringe, die Augäpfel weisen Hypotonie auf, und es kann zu leichten Schluckbeschwerden kommen. Die Blutmenge im Körper verringert sich; damit sinkt der Blutdruck und die Herzfrequenz erhöht sich.

Kommt es zu Blutungen, sinkt der Blutdruck noch weiter ab, es kommt zu einer vermehrten Sekretion des antidiuretischen Hormons, und der Durst wird noch größer.

Miami, den 15. April 1933

Sehr verehrte Mrs. Fraser,

vorgestern erfuhr ich von Bill Lancasters tragischem Verschwinden in der Sahara. Diese Nachricht betrübt mich aufs äußerste, deute ich sie doch als Verschwörung des Schicksals gegen einen Mann, dessen moralische Qualitäten und dessen Reinheit der Gefühle enormen Eindruck auf mich machten. Diese Tragödie, gnädige Frau, wird mich nicht dazu verleiten, an Lancasters Unschuld zu zweifeln – viel eher würde ich an der Existenz Gottes zweifeln. Mein Kopf ist voller Fragen, auf die es keine Antwort gibt und die einen Stachel in meine Überzeugungen treiben: Warum verschwört sich der Himmel gegen einen Unschuldigen? Warum muß der Mann, der von der geliebten Frau betrogen wurde, nun den Tod bei einem Flug finden, der ein neues Leben für ihn einläuten sollte?

Sein Verschwinden ist um so schrecklicher und ungerechter, bestärkt es Menschen wie Sie doch in ihrer Überzeugung, daß Lancaster schuldig ist. Ich respektiere Ihren Schmerz, doch wenn ich heute bete, so bete ich dafür, daß dieser Mann gerettet wird. Und wenn er sterben muß, bete ich, daß man einen Brief findet, ein paar Zeilen von seiner Hand geschrieben, die vor dem Jüngsten Gericht als unwiderlegbarer Beweis für seine Unschuld in dieser dunklen Angelegenheit gelten. Die Ungerechtigkeit wird mit jeder Minute größer, denn ich weiß, daß dieses Schweigen verdächtig ist und diesen Mann noch ein wenig mehr verdammt. In dem neuen Prozeß, dem man ihm auf alle Fälle in Miami und in England anhängig macht, wird vielleicht einem Mann, der schon von einem Unglück nach dem anderen geschlagen ist, die Ehre endgültig abgeschnitten. Ich denke auch an diejenigen, die ihn lieben und womöglich nun mit dem Gespenst eines Mörders leben müssen. Ich vertraue auf die Effizienz der französischen Armee, darauf, daß sie eine Spur dieses Mannes findet und den Seinen eine solche Prüfung erspart. Es bleibt immer noch eine Hoffnung, und diese Hoffnung birgt die letzte Chance, daß die Wahrheit über den Tod Ihres Sohnes endgültig siegt und gegenstandslose Gerüchte aus der Welt schafft.

Gnädige Frau, ich respektiere Ihren Schmerz in höchstem Maß, aber ich bitte um Ihr Verständnis, daß es meines Erachtens dafür keinen Ausgleich im Tod und in der Entehrung eines Mannes gibt, den ich als sein Anwalt für unschuldig halte.

Hudson

Miami, *Green Café*, 12.30 Uhr

Ich hatte Dienst an jenem Abend im letzten Jahr, als all dies passierte, und Du weißt, daß ich die Burschen, die den Dienstplan gemacht hatten, monatelang verfluchte; hätte ich nämlich an jenem Abend nicht gearbeitet, hätte ich all diese Probleme nicht gehabt. Eins griff ins andere: Erst kommt ein Anruf; ein Mann ruft aus Coral Gables an und bittet uns, schnell zu kommen, ein Mann liege im Sterben. Wir fahren hin und finden in der ersten Etage eines Hauses einen Mann im Bett, in seinem eigenen Blut, sein Kopf ist zur Wand gedreht, neben ihm liegt eine Pistole. Er atmet noch. Im Zimmer befindet sich ein weiterer Mann, es ist Lancaster, aber ich kenne ihn noch nicht. Er wirkt sehr nervös, er fragt mich, ob der Verletzte eines Tages wieder sprechen könne, was ich, wie ich ihm sage, bezweifle. Als er das hört, ist er ganz niedergeschmettert, er fragt mehrere Male nach, ob der Mann wieder sprechen könne. Ich sage nein, ich sage auch, er solle sich beruhigen. Im Krankenwagen bittet mich die junge Frau, nichts von dem Brief zu sagen, den dieser Mann zurückließ, denn es gebe einen Skandal, wenn das herauskäme. Ich will mich selbstverständlich nicht in fremde Angelegenheiten mischen. Die junge Frau ist Chubbie Miller, aber damals kannte ich sie auch noch nicht. Als der Richter mich dann befragt, sage ich, daß ich von diesem Brief gehört hätte, ich sage, ich hätte gehört, wie Lancaster sagte, man solle ihn zerreißen, doch ein Freund hätte gesagt, das dürfe man nicht, der Brief sei wichtig. Ich sage dem Richter, daß ich das merkwürdig fand. Ich weiß nicht, was in diesem Brief steht, ich erfahre es erst später aus der Zeitung, wo behauptet wird, der Mann habe geschrieben, daß er sich umbringen wollte.

Lancaster gibt zu, daß in Wahrheit er selbst diesen Brief geschrieben hat, und wie alle Welt halte auch ich ihn für den Mörder; das stimmt, das ist so, alle denken das, es erscheint ja auch logisch. Der Mann hatte ihn mit seiner Verlobten betrogen. Wenn man meine Verlobte hinter meinem Rücken verführen würde, würde ich vielleicht ähnlich handeln. Das ist ganz normal, und es ist normal, daß ich ihn damals für schuldig hielt. Dann erfahre ich auch noch, daß Lancaster den Mann angestellt hatte, damit er ein Buch über ihren Flug nach Australien und über ihre Liebe schreibt. Und somit ist es Verrat; so etwas ist abscheulich. Als sich dann herausstellt, daß die Waffe Lancaster gehört und er im Zimmer war, als der Schuß fiel, habe ich keinen Zweifel mehr, es bestärkt mich in meiner Meinung, daß Lancaster geschossen hat. Zu einem Journalisten, der mir vor der Verhandlung Fragen stellte, sage ich, ohne groß nachzudenken, ich könne es verstehen, wenn man wegen eines solchen Verrats tötet. Und was macht der Bursche? Am nächsten Tag steht groß in der Zeitung, ich hätte behauptet,

Lancaster sei der Mörder. Und da fingen meine Probleme an …

Zum Glück gab es Hudson, wäre er nicht gewesen, wäre es schlimmer gekommen. Mit einem anderen Anwalt hätte Lancaster seine Haut nicht retten können, das hätte todsicher den elektrischen Stuhl für ihn bedeutet. Es half ihm auch, daß Chubbie Miller ihn bis zum letzten verteidigt hat, zum Glück half ihm das. Und es machte auch einen guten Eindruck, daß Irving »Bing« Boyer, Clyde Pangbourne, Rex Gilmartin und Keith Bon in den Zeugenstand traten.[+]

Als ich im Anschluß an alle diese berühmten Männer aussagen mußte, war ich natürlich aufgeregt; das ist normal. Und dann kann ich auch nicht so gut reden wie sie, aber ich sagte nichts Schlechtes über Lancaster, ich erzählte nur, was ich gesehen hatte, man kann mir nichts vorwerfen, aber Lancaster wurde es ganz unbehaglich, als ich aussagte, daß er den Brief verschwinden lassen wollte. Dafür kann ich nichts, so war es eben, und das sagte ich auch, nichts anderes. Sie behaupteten, ich hätte eine belastende Aussage gemacht, aber das ist nicht wahr, es ist nicht richtig, so etwas zu sagen! Wegen dieser Geschichten konnte ich tagelang nicht schlafen. Sie behaupteten, ich hätte Lancaster hineingeritten, wo ich doch im Grunde schon überzeugt war,

[+] Berühmte amerikanische Piloten aus den dreißiger Jahren.

daß er unschuldig ist. Plötzlich war ich mitten in diese Sache hineingeraten. Das war hart. Ich wünsche Dir nicht, so etwas erleben zu müssen. Ich dachte, ich würde zusammenbrechen. Und alles nur wegen dieses Dienstplans ...

Zum Glück gab es Hudson, ich werde ihm ewig dankbar sein. Er konnte Lancaster retten, aber er war auch meine Rettung. Hätten nämlich die Geschworenen Lancaster auf den elektrischen Stuhl geschickt, so hätte man mir die Schuld dafür gegeben. Vielleicht hätte ich von hier fortgehen müssen. Wegen meiner Aussage hat man mich hier schon auf offener Straße beschimpft, vor meinen Kindern. Noch länger hätte ich das nicht ertragen. Ohne einen Anwalt wie Hudson hätten die Geschworenen nicht an Lancasters Unschuld geglaubt, sie hätten nicht geglaubt, daß er diesen Brief nur für Chubbie geschrieben hat, damit sie nicht denkt, er hätte den tödlichen Schuß abgegeben. Die Geschworenen hätten das niemals geglaubt, und sie hätten auch nicht geglaubt, daß der Mann sich umgebracht hat, weil er spürte, daß Lancaster Chubbie zurückerobern würde, nachdem dieser wiedergekommen war. Nein, er wäre sicher auf dem elektrischen Stuhl gelandet. Vielleicht spürten die Geschworenen auch, daß Lancaster die Wahrheit sagte.

Bill Lancaster und Chubbie Miller liebten sich, die beiden verband etwas sehr Starkes; das war sogar bei der Verhandlung spürbar. Ich weiß nicht, wie ich Dir das erklären soll, man spürte es einfach …

Nein, Lancaster war ein guter Mensch, aber er hatte einfach kein Glück, er hatte im Gegenteil nur Pech. Ein bißchen wie ich, aber noch schlimmer als ich. O ja, sehr viel schlimmer.

Es tut mir leid, daß man ihn nicht findet.

Reggane, den 15. April 1933

Meine Geliebte,

heute morgen erlebten wir eine schöne Überraschung. Am Tor des Forts fand der Hauptmann eine kleine Gazelle, die aus der Wüste gekommen war. Sie lag im Sand und regte sich nicht. Sie versuchte nicht einmal zu fliehen, als er zu ihr ging. Er nahm sie hoch und trug sie in den Hof. Erst dachten wir, sie sei verletzt, und untersuchten sie, doch wir fanden keine Wunde. Wir gaben ihr Milch und Zigaretten – sie raucht nicht, aber sie frißt sie! Sie liebt Zigaretten. Wenn es nach ihr ginge, würde sie alle unsere wertvollen Zigarettenpäckchen verschlingen. Sie wird wohl unser Maskottchen, wenn sie nicht beschließt, wieder in die Wüste zurückzukehren. Ich vergaß, Dir zu schreiben, daß wir bei unserer letzten

Erkundung drei Addax erlegten; ein Addax ist eine große Antilope mit einem wunderschönen Gehörn.

Ich weiß nicht, wie so ein großes Tier in dieser Region überleben kann, es lebt in einem Landstrich, wo es seit Jahren nicht mehr geregnet hat. Es scheint fast, daß manch ein Addax noch nie Wasser gesehen hat. Leider haben wir diese Überlebensfähigkeiten nicht, hier stößt man sehr schnell an seine Grenzen. Daher ist die Wüste eine gute Lektion in Demut, glaub mir. Da müssen nur unsere Kamele davonlaufen oder unsere Flugzeuge eine Panne haben – und dann sind wir ein Niemand. Während ich Dir diese Zeilen schreibe, wird der arme Engländer wohl gerade diese schmerzliche Erfahrung machen, vorausgesetzt natürlich, er ist noch am Leben. Und ich bin überzeugt, daß er noch lebt. Mailloux ist auch meiner Meinung. Wenn er einen Triebwerksschaden hatte, konnte er sicherlich gleiten und im Tanezrouft landen, dort ist es ganz flach, es gibt keine Dünen. Doch eine Landung birgt immer ein Risiko. Laperrines trauriges Andenken verfolgt uns noch immer. Wenn der Boden weich ist, können sich die Räder in den Sand graben, und das Flugzeug kann kippen; das kann übrigens auch beim Start passieren. Mailloux erzählte mir, daß er in der Nähe von Djado einmal ein Flugzeug gesehen hat, das sich bis zu den Naben eingegraben hatte und auf der Nase gelandet war. Der Pilot wollte schnell starten, um aus diesem schrecklichen Fech-Fech* herauszukommen, und hatte zu sehr am Steuerknüppel gezogen, wie es Piloten manchmal auf hartem Grund tun. Die ganze Mannschaft mußte auf Kamelen nach Zinder* reiten. Dazu mußt Du wissen, daß es von Djado nach Zinder ein gutes Stück ist.

Dieser Engländer hat aber keine Kamele. Er muß warten oder sich alleine durchschlagen. Gestern abend erfuhren wir, daß er wegen des Sandsturms in Aoulef* gelandet war und aufgetankt hatte, bevor er nach Reggane kam. Da hatte er schon viel Zeit verloren, und seine Chancen, den Rekord zu brechen, waren nur noch gering. Zudem sagte uns Monsieur Lecerf, der Direktor der Transsaharischen Gesellschaft, der heute abend mit uns den Aperitif nahm, daß der Engländer davor mehrere Stunden von den französischen Behörden auf dem Flugplatz Es-Senia in Oran festgehalten worden sei, weil er bei der Transsaharischen Gesellschaft keine Versicherung abgeschlossen hatte. Sie hatten von ihm eine Kaution verlangt, falls er verschollen geht und man Fahrzeuge nach ihm ausschicken muß, aber er hatte kein oder fast kein Geld bei sich. Schließlich ließen sie ihn um 5 Uhr früh starten. Für seinen Rekord war dies aber das Ende, denn er hatte schon Verspätung, weil ihn der Gegenwind über Frankreich zu einem Umweg nach Barcelona zum Auftanken gezwungen hatte. Ohne Sicht und nur nach dem Kompaß zu fliegen, um einen bestimmten Punkt in der Wüste zu erreichen, ist selbst mit einem Kreiselkompaß sehr riskant. Major Vuillemin, der schon einige Sahara-Erfahrung hat, wich neulich 300 Kilometer von seinem Ziel ab, als er nach Kompaß flog. Der Engländer wollte sicherlich zum Niger und dem Fluß bis Gao folgen. Bislang gibt es keine Spur von ihm. Und die Suche entlang der transsaharischen Piste ergab bisher auch nichts.

18 Uhr

Der Wind hat aufgefrischt. Er wirbelt durch den Hof des Bordj*. Das macht die Suche auch nicht leichter – und das Los des unseligen Piloten nicht besser.

Tagebuch von Chubbie Miller ■ 15. April 1933

Ein Wagen auf der Piste! Das bringen die Franzosen zustande. Was soll ein einziger Wagen auf der Piste? Man kann sich nicht auf die Franzosen verlassen.

Ich muß ihn selbst suchen. Ich muß dort hinreisen.

HANDELN. HANDELN. Ich muß ihn suchen. Bill ist zäh. Er hat ausreichend Wasser. Er kann ein, zwei Wochen durchhalten. Darauf baue ich.

Vierter Tag

Ich habe die schönsten Tage erlebt,
In mir floß reiches Blut
Und vom Himmel weinte es ohn' Unterlaß.
Lied der Nomaden

Sonntag, 16. April 1933 (vierter Tag), 6.10 Uhr

Der vierte Tag bricht an. Der Wind ist abgeflaut. Gestern wehte den ganzen Nachmittag über ein starker Wind, und es gab Sandstürme. Ich konnte nur meinen Kopf vollständig mit meinem Hemd bedecken und im Schutz der Tragfläche liegen. Alle halbe Stunde trank ich einen Schluck Wasser. Das heißt, ich trank gestern im Verlauf des Tages zwei Thermoskannen, also zwei Pints, und ich mußte mit mir ringen, um mich von den restlichen Wasservorräten fernzuhalten. Ich habe jetzt noch die Hälfte des Wassers, also reicht es ab morgen noch für drei Tage. Mehr kann ich nicht tun. Also, meine lieben Flugzeuge, macht Euch auf die Suche nach mir.

Gestern abend erhitzte ich ein wenig Wasser im äußeren Mantel der Thermoskanne und schmolz die Schokolade. Es schmeckte gut, aber ich schlang es zu schnell hinunter. Danach war mir schlecht. Ich trank nur zwei Drittel davon, den Rest ließ ich kalt werden; das war wirklich gut und hat mich aufgebaut.

Gestern abend stand ich wahre Tantalusqualen aus. Es fing nämlich an zu REGNEN! Ja, wirklich wahr. Eiskalte Tropfen. Leider dauerte der Regen nur wenige Augenblicke, und ich konnte nicht mal einen Teelöffel voll Wasser sammeln.

Ich möchte noch einmal auf den Unfall zurückkommen, denn ich sehe die Dinge nun klarer. Hier also der technische Bericht:

Ich startete um 18.30 Uhr in Reggane und fühlte mich gut in der Lage, nach Gao zu fliegen, indem ich der Piste folgte. Das tat ich auch, bis es dunkel wurde. Dann herrschte schwarze Nacht, und ich konnte am Boden nichts mehr erkennen. Ich flog auf 1000 Fuß. Nach einer Flugzeit von einer Stunde und 40 Minuten spotzte der Motor. Mein Tank war fast noch voll, also gab ich Gas. Fünf Minuten lief alles problemlos, dann spotzte der Motor wieder. Ich verlor an Höhe und sank immer tiefer, ich konnte die Höhe einfach nicht halten. Ich setzte auf dem Boden auf, bevor ich mich versah, flog fünfzig Meter weiter, setzte wieder auf, und die Maschine überschlug sich. Das ist alles, woran ich mich erinnere. Ich fühlte mich richtig schlecht, hatte schlimme Schnitte an der Stirn und anderswo und war kopfüber im Cockpit eingezwängt. Mit der Kraft der Verzweiflung grub ich mich aus dem Sand und kroch aus dem Flugzeug.

Ich weiß nun, daß ich rechts von der Piste abgekommen bin, und das beunruhigt mich, denn niemand rechnet damit, daß ich so schnell so weit abkommen konnte. Doch ich muß versuchen, bis zum Schluß durchzuhalten. Sobald die Sonne aufgeht, werden die Tage unerträglich. Ich liege im Schatten der Maschine auf dem Rücken, alles kommt mir vor wie eine Ewigkeit, und die verrücktesten Gedanken kommen mir in den Sinn. Alles wäre weniger schlimm, wenn ich nicht verletzt wäre. Wenn ich das hier überlebe, werde ich zu jeder Mahlzeit Wasser trinken. Und ich werde nicht mehr rauchen. Zigaretten werden mir ganz bestimmt nicht fehlen!

Wie gesagt, sehe ich heute morgen alles klarer, dafür fühle ich mich körperlich schwach, sehr schwach sogar. Schauder durchlaufen meinen Magen und meinen Brustkorb.

Chubbie, meine Geliebte, Mutter, meine beste Freundin, Vater, mein Kamerad, macht Euch keine Sorgen, nur ich allein bin an allem schuld. Was bin ich nur für ein törichter Dickschädel!

Im Lauf der Dinge ist das Leben nur ein kurzer Moment. Nur, in der Zeit, die mir zustand, wäre ich gerne ein besserer Mensch gewesen.

Es gibt immer noch Hoffung, aber ich will, daß meine letzte Nachricht klar und deutlich ist. Ihr müßt also Ordnung in dieses wirre Heft bringen und den Worten ihren Sinn verleihen.

Das war's wohl bis morgen.

Gott sei mit Euch.

Bill Lancaster

6.30 Uhr

Die Sonne brennt schon heiß, also höre ich auf zu schreiben.

Telegramm der Transsaharischen Gesellschaft an Fort Reggane, 16. April 1933, 9.45 Uhr ■ Gao erreicht – stop – keine Spur von verschollenem Piloten – stop – starten morgen nach Reggane

Air Union Ltd.
Coventry, England

Coventry, den 16. April 1933

Sehr verehrte Mrs. Miller,

Ihr Telegramm habe ich erhalten. Zu meinem Bedauern kann ich Ihrer Bitte nicht entsprechen; alle unsere Maschinen sind langfristig unterwegs. Die *Farman,* die seit zwei Wochen in meinem Hangar steht und auf die Sie sich beziehen, ist wegen des gebrochenen Tiefenruders fluguntauglich, und ich habe das bestellte Ersatzteil noch nicht vom Hersteller bekommen. Wir müssen uns noch mindestens drei Wochen gedulden, bis wir die Maschine wieder einsetzen können, und ich kann sie Ihnen für die Suche nach Ihrem Freund leider nicht zur Verfügung stellen.

Ich bedauere sehr, Ihnen nicht helfen zu können.

Herbert

Reggane, den 16. April 1933

Meine Geliebte,

eigenartig – aber heute nacht träumte ich von diesem Piloten, ich träumte, daß er auf Hilfe wartete. Ich sah ihn winkend auf dieser weiten Ebene stehen. In meinem Traum hatte die Gazelle uns zu Hilfe geholt. Ich stand auf, ging in den Hof. Alle schliefen, es war noch Nacht. Ich spürte Regentropfen auf meiner Haut, dicke Tropfen, sie waren ganz kalt; ein komisches Gefühl. Seit sechs Jahren hat es hier nicht geregnet. Das war eigenartig. Ich suchte die Gazelle, sie lag ganz ruhig im Sand neben dem großen Tor des Forts. Ich streichelte sie und ging dann in den Raum, wo das Funkgerät steht. Pélissié war noch nicht da, ich las ein Telegramm, das gestern abend angekommen war und in dem gemeldet wurde, daß zwei Maschinen aus Gao nun die Piste überfliegen. Was soll das? Es nützt nichts, nur die Piste zu überfliegen. Dann ging ich wieder auf meine Stube, konnte aber nicht einschlafen und nahm von dem verstaubten Regal eines meiner zerlesenen Bücher, die Du mir geschickt hast.

Ich las, war aber mit meinen Gedanken ganz woanders: Ich dachte an den Piloten. Ich sagte mir, wenn er lebt, dann muß jede Minute, jede Stunde, die vergeht, eine enorme Bedeutung für ihn haben. In diesen Minuten, in diesen Stunden, die für uns so unbedeutend und langweilig sind, entscheidet sich sein Schicksal. Also nahm ich meine Kartentasche, die an der Wand neben dem Schreibtisch hängt, und breitete die Nieger-Karte* aus. Im Schein der Karbidlampe studierte ich sie lange. Ich versuchte mir vorzustellen, wo der Pilot wohl abgestürzt sein könnte, und stellte Hypothesen auf. Ich stellte mir vor, welche Pannen er haben konnte und welche Fehler ihm in der Orientierung unterlaufen sein konnten. Von Reggane aus führt die Piste erst nach Osten, dann biegt sie nach Süden ab. Vielleicht sah Lancaster in der Dunkelheit die Kurve nicht und flog zu weit nach Osten in Richtung Tidikelt*. Vielleicht ging ihm das Benzin aus. Vielleicht bemerkte er seinen Irrtum und drehte nach ein, zwei Stunden Flug um, verlor dann aber die Piste aus den Augen und ging irgendwo im Tanezrouft verschollen. Möglich ist es, aber es ist nur eine Annahme.

Wenn man sich in diesem Gebiet, wo er gelandet sein könnte, einigermaßen auskennen würde, könnte man hinreiten oder Einheiten aus Ouallene oder Gao ausschicken. Aber ich weiß wirklich nicht, wie man ihn dort finden soll, vor allem weil ein verschollenes Flugzeug im Gegensatz zu einer Karawane nur wenige Spuren hinterläßt. Man kann keine Fußspuren im Sand suchen und ihnen folgen. Leider gibt es für ihn daher praktisch keine Hoffnung auf Rettung. Die Meharisten sichteten Laperrines Kameraden erst nach siebenundzwanzig Tagen, und das war ein Wunder. Sie kehrten zu ihrem Stützpunkt in Adrar N' Iforas* zurück – da sahen sie sein Flugzeug. Von weitem hatten sie allerdings gedacht, es sei ein Busch, und wären beinahe weitergeritten. Zum Glück schossen die armen Schlucker dreimal in die Luft – das bedeutet SOS in der Sahara. Es waren die letzten drei Kugeln, die sie noch hatten; damit wollten sie sich noch am selben Tag erschießen. Daran kannst Du sehen, wie verzweifelt sie waren …

Ich weiß nicht, ob Lancaster eine Waffe hat. Mit etwas Glück könnte er ein Tier erlegen und es essen oder er kann seinem Todeskampf ein Ende machen. Ich glaube, in so einer Situation möchte man seine Qualen lieber früher als später beenden. Ich hoffe nur, daß er sich nicht von seinem Flugzeug entfernt hat. Pélissié erzählte mir, daß vor zwei Jahren ein Trupp zu Fuß nach Bilma* gelangte, nachdem ihm das Benzin ausgegangen war. Aber es waren auch nur zwanzig Kilometer bis zur Stadt. Dennoch kamen sie völlig erschöpft an. Zu Fuß schafft man es meist nicht. Le Bœuf und Chatenay sind bestimmt auf diese Weise verdurstet. Und auch Réginensi, Touge und Lénier wären beinahe in der Wüste geblieben.

(...)

Morning Express, 16. April 1933 ■ Mrs. Chubbie Miller unternimmt derzeit alles Menschenmögliche, um ihrem Freund, Captain Bill Lancaster, zu Hilfe zu kommen, der auf dem Flug nach Kapstadt war und seit drei Tagen in der Sahara vermißt wird. Gestern abend erschien diese mutige Frau in der Redaktion des *Morning Express,* sie erklärte uns ihren Plan und zeigte auf einer Afrikakarte, wohin sie fliegen wolle. »Scheinbar gibt es außer mir niemanden, der Bill suchen will«, sagte sie. »Er ist allein in der Wüste, und kein Mensch hilft ihm. Ich habe nicht viel Geld, aber ich werde meinen letzten Penny geben, um ihn zu suchen. Wenn ich ein Flugzeug hätte, würde ich ihn bestimmt finden. Vor dem Start versprach er mir, sich unter keinen Umständen von seiner Maschine zu entfernen. Ich erinnere mich an den Fall der beiden RAF-Piloten, die in der Wüste ihr Flugzeug verlassen hatten und in einem zwanzig Meilen entfernten Ort Hilfe holen wollten. Das Flugzeug wurde schnell gefunden, doch von den Piloten fehlte jede Spur, sie hatten sich verirrt … Drei Meilen entfernt fand man sie dann später. Ich bat Bill, genügend Streichhölzer mitzunehmen, damit er neben dem Flugzeug ein Feuer machen kann, während er auf Hilfe wartet. Am Tag kann der Rauch und in der Nacht das Feuer die Rettungskräfte führen. In der Wüste gibt es auch Beeren, die seine Überlebenschancen vergrößern. Er hat acht Liter Wasser dabei, damit kann er zwei Wochen überleben. Ich muß Bill finden. Nach allem, was ich durchgemacht habe, habe ich mir geschworen, nie wieder mit Journalisten zu sprechen, aber der ganze Rummel ist mir jetzt egal, wenn ich Bill auf diese Weise finde. Ich habe seit drei Tagen kaum etwas gegessen. Die Franzosen unternehmen nichts, sie haben nur ein einziges Fahrzeug ausgeschickt. Doch was soll ein Fahrzeug in der Wüste ausrichten? In England gibt es nur wenige Flugzeuge, die Bill zu Hilfe kommen könnten. Ich muß unbedingt eine Maschine auftreiben.«

10.15 Uhr

Die Sonne steigt immer höher, aber es geht immer ein leichter Wind, der mir etwas Kühlung verschafft. Alle halbe Stunde trinke ich einen kleinen Schluck Wasser. Irgendwie werde ich das Gefühl nicht los, daß ich in der Nähe einer Wasserstelle bin, denn gerade ist ein Vogel, der einem Sperling ähnelt, über mich hinweggeflogen. Er kam von Osten. Hätte ich Chubbie nicht mein Wort gegeben, würde ich das Flugzeug heute abend verlassen und nach Osten gehen. Aber ich muß mein Versprechen halten, denn ich weiß, daß sie etwas unternehmen wird. Komm, Chubbie, aber sei vorsichtig auf dem Flug, und glaube mir, ich werde nie wieder über die Wüste fliegen. Ich kann wohl noch zwei oder drei Tage durchhalten, danach wird es nur noch wenige Stunden dauern, und dann kommt der Wahnsinn. Und der Tod. Ich bete dafür, daß es schnell geht, wenn es schon so kommen muß.

Ich warte, bis die Sonne untergeht. Mutter, so eine Hitze kannst Du Dir nicht vorstellen. Ach, wenn ich mich doch in Deine Küche stürzen, den Hahn aufdrehen und den Kopf darunterhalten könnte! Könnte ich doch spüren, wie das kalte Wasser in meinen Mund fließt und durch meinen ganzen Körper rieselt – das wäre wirklich das Paradies für mich.

J. Thomas & G. Borchand Ltd.
London, England

London, den 16. April 1933

Lieber Jeff,

gestern kam die reizende Chubbie Miller zu mir in die Fabrik. Ich hatte sie seit drei Jahren nicht mehr gesehen, und sie kam einfach so herein, ohne sich anzumelden. Sie traf mich direkt nach der Besprechung mit McGuaig und Slessor an.

Wir sprachen im Korridor gerade in aller Ruhe über die Modalitäten des Auftrags vom September (sie gehen davon aus, daß wir die Lieferung der Teile für die Stützstreben der Fahrgestelle und die Drahtspanner für die Tragflächen am 30. Mai erwarten können) – da sah ich sie kommen. Ihr Gesicht war gezeichnet, ihre Züge angespannt. Sie war augenscheinlich sehr ungeduldig, stellte sich vor uns und zwang uns, das Gespräch zu unterbrechen. Dann stellte sie mit einer Beharrlichkeit Forderungen, die den Umständen alles andere als angemessen waren.

Ich bat sie, sich zu beruhigen – wir würden gleich darüber sprechen. Ich verabschiedete McGuaig und Slessor, die Chubbie zum Glück vom Hörensagen kannten und von ihrem Benehmen nicht weiter überrascht waren. Dennoch – wie unhöflich und unverfroren!

Von ihr müssen wir uns zweifellos noch auf einige Überraschungen gefaßt machen, denn rate mal – sie hat sich in den Kopf gesetzt, sich auf die Suche nach Bill Lancaster zu machen, und will nun schnellstens ein Flugzeug! Was fällt ihr ein? Selbstverständlich zählt sie auf uns, und offenbar sind wir »die einzigen, die ihr noch helfen können«. Ich gab ihr zu verstehen, daß die Dinge anders liegen als beim letzten Mal und daß es in der Zwischenzeit diese böse Geschichte gab, den Prozeß, all die Presseberichte usw. Sie hält Lancaster natürlich für unschuldig, schließlich wurde er freigesprochen, und man müsse ihm zu Hilfe kommen. Es würde uns »zur Ehre gereichen« – ihre Worte! –, wenn wir uns der Suchaktion anschlössen, und wir würden eine wunderbare Presse bekommen, wenn sie Lancaster fände …

Die Arme hat wirklich den Verstand verloren. Ich sehe nicht, wie es uns zur Ehre gereichen könnte, diesen Mann zu finden, von dem kein Mensch mehr etwas wissen will. Er ist ein mittelmäßiger Pilot, das weiß alle Welt, und vielleicht ist er sogar ein Mörder. Ich bin jedenfalls nicht sehr versessen darauf, in irgendeinem Revolverblatt, auf das Lancaster seither abonniert zu sein scheint, meinen Namen neben seinem geschrieben zu sehen, und ich nehme an, Dir geht es genauso. Lebt er denn überhaupt noch? Man hat keinerlei Informationen. Aber für Chubbie Miller gibt es da natürlich keine Zweifel, sie ist »zutiefst überzeugt« und glaubt sogar, sie könne ihn innerhalb von zwei Wochen ganz alleine finden ... Du siehst, wie theatralisch das Ganze ist. Ich durfte mir sogar ihr Geschluchze anhören!

Was Grenville angeht, bessern sich die Dinge nicht, und ich spiele ernsthaft mit dem Gedanken, auf seine Dienste zu verzichten. Sein Benehmen mißfällt mir, und er ist nicht in der Lage, sich bei den Arbeitern Respekt zu verschaffen. Letzte Woche hat er ein Flugzeug aus der Werkshalle gelassen, bei dem noch nicht einmal die Bughaube befestigt war! Gib mir schnell Bescheid, wie Du diese Sache einschätzt, bevor ich eine Entscheidung treffe.

Herzlich,
Graeme Borchand

Reggane, 16 Uhr

(...)
Die Hitze ist noch größer geworden. Heute hat es mehr als 45°C im Schatten, im Tanezrouft dürften es fast 50°C sein. Doch mehr als die Hitze macht uns die trockene Luft zu schaffen. Wir sind schrecklich dehydriert. Meine Lippen, die schon nach unserer Exkursion aufgerissen waren, wollen nicht heilen. Ich denke nur ans Trinken. Es scheint mir

unmöglich, die kleinste körperliche Anstrengung zu unternehmen, wenn ich dabei nicht ständig trinke. Ich liege den Großteil des Tages auf meiner Stube und versuche zu ruhen. Immer wieder schütte ich im Hof eine große Wanne Wasser über mich. In so einer Situation versteht man besser, daß jemand nur wenige Meter von einem Brunnen entfernt sterben kann, wenn ihm die letzte Kraft fehlt, dorthin zu gelangen. Ständig quält einen der Durst. Während der großen Hitze im Juli schütten die Neuen hier zwölf Liter am Tag hinunter, manche sogar bis zu sechzehn Liter. Kaum kommt das lauwarme Wasser aus dem Brunnen, wird es auch schon glühend heiß. Wir kühlen es notdürftig, indem wir Flaschen an Schnüren aufhängen und sie mit nassen Tüchern umwickeln. Nur in den Gerba*, den Wassersäcken aus Ziegenleder, bleibt das Wasser einigermaßen frisch, dafür schmeckt es nach Schlamm und Teer; das würde Dir nicht schmecken, aber nun gut, mit der Zeit gewöhnt man sich daran. An solchen Tagen versucht man, die Zeit totzuschlagen, aber alles ist sehr zäh. Die Gazelle ist immer noch da. Die Sonne stört sie offensichtlich nicht.

Außer Siesta zu halten gibt es nichts zu tun. Ich vertreibe mir die Zeit, indem ich die Gazelle füttere.

(...)

Enzyklopädie der menschlichen Physiologie

Der Mensch verliert etwa 1 l Wasser pro Tag, ohne es zu merken. Das Wasser geht unmerklich in den Lungen und durch Verdampfen auf der Haut verloren.

Ein spürbarer Wasserverlust auf der Haut vollzieht sich in Form von Schweiß. Bei einer gemäßigten Temperatur von 20° C verliert der Mensch ungefähr 100 ml, bei großer Hitze auch bis zu 4 l Schweiß am Tag.

Bei einer Dehydration von 4 % kommt es zu deutlicheren Symptomen von allgemeinem Unwohlsein, darüber hinaus treten Funktionsstörungen wie Schwindel, Erbrechen, Kopfschmerzen und psychomotorische Beeinträchtigungen auf.

J. Thomas & G. Borchand Ltd.
London, England

London, den 16. April 1933

Meine liebe Chubbie,

Ihr gestriger Besuch in der Fabrik hat mich sehr gefreut, zugleich aber auch tief betrübt. Bei unserem Wiedersehen dachte ich zuerst an Ihre wundervolle

Leistung von 1927 und an unser großes Glück, an diesem Rekord mitgewirkt zu haben. Dieser kühne Flug wird uns allen auf ewig in Erinnerung bleiben, und der anschließende Erfolg hat nur bestätigt, was wir schon immer wußten, daß nämlich Talent, Wille, Schönheit und Abenteuergeist das Geheimnis aller großen Erfolge und aller außergewöhnlichen Geschicke sind.

Meine Arbeiter sind noch heute außerordentlich stolz darauf, daß sie – ein jeder, wie er es vermochte – dazu beitragen durften, eine der schönsten Seiten im Buch der Geschichte des Fliegens zu schreiben. Und ich lege Wert darauf, jeden neuen Mitarbeiter darauf hinzuweisen, daß wir vor sechs Jahren unsere Fähigkeiten in den Dienst von Chubbie Miller und Bill Lancaster stellten – was sie nachweislich genauso motiviert wie ein gutes Gehalt. Ich bin nach wie vor überzeugt, daß der Pioniergeist, den Sie so wundervoll verkörpern, unserer Luftfahrt dazu verhilft, die Nationalfarben hoch in den Himmel zu tragen, und ich habe es mir zur Aufgabe gemacht, meine Firma nach diesen Prinzipien zu führen – trotz aller Schwierigkeiten, die so etwas in der Abwicklung laufender Geschäfte mit sich bringt, und trotz der Selbstverleugnung, die dies in vielen Situationen meinerseits erfordert.

Daher bringt mich Ihre Bitte in arge Bedrängnis. Da es sich um einen rein privaten Flug handelt mit dem ausschließlichen Ziel, Ihren Partner zu finden, besteht die Gefahr, daß die begrenzten Mittel veruntreut werden, über die ich verfüge und die ich in lebenswichtige Bemühungen investieren muß, um der Fliegerei zu einem schnellen Aufschwung zu verhelfen. Dies ist insofern unumgänglich, als der Wechselkurs für uns ungünstig ist, seit die amerikanischen Behörden die Goldwährung abgeschafft haben. Auch die punktuellen Wirtschaftshilfen stoßen schon an ihre Grenzen, und ich bin wie viele der Ansicht, daß ein paar zusätzliche protektionistische Maßnahmen, die in Eile ergriffen werden, nicht ausreichen, um unsere Lage zu verbessern. Wir müssen zusammenstehen und entschieden handeln – wie man unserem Premierminister Bradford antrug –, damit die Wirtschaft unseres Landes den Anschluß an die Moderne nicht verliert. Nur so können wir hoffen, den Rang zu behaupten, der uns zusteht, und weiterhin vertrauensvoll am technischen Fortschritt arbeiten. Es ist ein ständiger Kampf, und ich zwinge mich in meinem Bereich, ihn jede Stunde, jede Minute untadelig zu führen.

Auch steht zu fürchten, daß ich mich scharfer Kritik von Seiten der Ministerien aussetzen könnte, wenn ich Ihnen in Ihrem Anliegen helfe. Nachdem Sie diese Bürokraten kennengelernt haben, wissen Sie, daß sie für unsere gemeinsame Leidenschaft, das Fliegen, nichts übrig haben und niemals um Argumente verlegen sind, wenn es darum geht, dem

Ruf einer Firma zu schaden, die so beispielhaft dasteht wie die meine.

Ich bin mir darüber im klaren, daß mein Brief Sie enttäuschen und zweifellos die Hoffnung zerstören wird, die Sie in meine Person setzten, doch im Namen der unverbrüchlichen Freundschaft, die uns seit so vielen Jahren verbindet, bin ich Ihnen diese Aufrichtigkeit schuldig.

Ich werde mich bei Mr. Gillow, dem zuständigen Sekretär für die Zivilluftfahrt beim Verkehrsministerium, den ich kommende Woche in London treffe, sehr für Sie verwenden und ihm all die Argumente unterbreiten, die Sie mir bei unserem Treffen dargelegt haben – was ihn hoffentlich dazu veranlassen wird, unverzüglich die nötigen Mittel bereitzustellen, um Ihrem Freund Bill Lancaster zu helfen.

In der Zwischenzeit bitte ich Sie, liebe Chubbie, auf meine treue Unterstützung in dieser Zeit der Prüfungen zu vertrauen, und übermittle Ihnen meine herzlichsten Grüße.

Graeme Borchand

Tagebuch von Chubbie Miller ■ 16. April 1933

Alles ist nur meinetwegen. Dieser Alptraum: meine Strafe. Ich habe nicht das Recht, ihn [unleserliches Wort] zu verlassen. Habe nicht das Recht, untätig zu sein. Er hat niemanden außer mir. Niemanden mehr, der dem ein Ende machen könnte. Ich muß die Leute zur Hilfe aufrufen. Ja, das muß ich, ich darf keine Zeit verlieren.

War gestern morgen bei Borchand in seiner Fabrik. Ich glaube, er hat begriffen, daß es alle Weltrekorde aufwiegt, ein Menschenleben zu retten. Er wird mir sicherlich helfen. Ich vertraue auf ihn.

Hoffen wir. Beten wir.

Morgen Telegramme schicken an: Thompson, Whitley, Corgan.

Antworten der anderen stehen noch aus. Vielleicht morgen. Wenn nicht, rufe ich sie an.

Sollte auch Hedges vom *Star* und Moulder von der *Daily Post* noch mal anrufen.

Kein Anruf vom Ministerium.

(...)
In Algier findet ein Treffen statt, wo entschieden wird, welche Suchmaßnahmen für den englischen Piloten eingeleitet werden. Mailloux erfuhr es über Funk. Von unserem motorisierten Zug sollen Fahrzeuge ausgeschickt werden, die am östlichen Rand des Erg Chech suchen, und die Staffel aus Gao überfliegt die transsaharische Piste. Die Männer verfügen über *Potez 25 TOE,* Doppeldecker mit 450 PS starken *Lorraine*-Triebwerken, die offenbar nie Pannen haben, und sie sind mit Funkgeräten ausgerüstet. Sie haben auch zwei *Potez-29*-»Limousinen« – Frachtmaschinen, die die Staffel auf langen Strecken begleiten; damit können mehrere Mechaniker und Ersatzteile, Öl und 200-l-Benzinfässer transportiert werden.

Ich weiß nicht, ob auch diese Maschinen bei der Suche eingesetzt werden. Wir werden sehen. In jedem Fall hat der Hauptmann Order, nicht mit den Fahrzeugen des motorisierten Zuges in die Dünen zu fahren; das wäre mit diesen Motoren unmöglich und auch viel zu gefährlich. Der Erg Chech ist eines der trockensten Gebiete der Welt. Laperrine wäre fast dortgeblieben. Man müßte mit den Kamelen hinreiten, aber es würde zu lange dauern und wäre auch zu gefährlich.

21.30 Uhr

Zwei Flugzeuge der Staffel von Gao landeten gestern abend hier. Wir hießen sie willkommen. Die Kameraden hatten die Wüste überflogen, und das ist immerhin keine Kleinigkeit. Sie sind sehr müde. Ich muß sagen, die Triebwerke ihrer *Potez* machen einen Höllenlärm. Eine Stunde nachdem sie aus dem Cockpit gestiegen waren, hörten sie immer noch nicht, was wir sagten. Wir mußten schreien, um uns verständlich zu machen – was uns unter anderen Umständen sicherlich zum Lachen gebracht hätte. Offenbar wird manch ein Pilot vollständig taub, wenn er mit diesen Maschinen lange Flüge unternimmt. Wir mußten sie jedenfalls nur ansehen, als sie ausstiegen, und wußten, daß sie den armen Engländer nicht gesichtet hatten. Ihre Mienen waren finster. Ich glaube, sie fühlen sich mit diesem Mann solidarisch, weil er wie sie bei der Luftwaffe diente. Wenn es jetzt noch eine Hoffnung geben soll, müßten sie abseits der Piste suchen, aber ich glaube, die Verantwortlichen lehnen das ab, weil sie ein so großes Risiko nicht eingehen wollen. Und es wäre überdies nicht sicher, daß sie die Maschine des Engländers auch finden. Es ist anscheinend sehr schwierig, ein Flugzeug am Boden zu sichten. Daher sind, wie mir die Piloten erklärten, die Tragflächen der Maschinen der Staffel mit breiten weißen Streifen gekennzeichnet; das macht es leichter, sie bei einem Unfall zu sichten. Laut Lecerf hat das Flugzeug des Engländers all das nicht. Außerdem ist auch gar nicht gesagt, daß er normal gelandet ist, vielleicht hat er sich ja bei der Landung überschlagen.

Entschuldige bitte, daß ich Dir so einen wirren Brief schreibe; das muß Dir ziemlich unpersönlich vorkommen. Der böse Traum von gestern nacht hat mich ganz durcheinandergebracht, und bei dieser Hitze kann ich kaum klar denken. Das Schicksal dieses Piloten wächst sich bei mir langsam zur fixen Idee aus, vor allem weil es heute nichts zu tun gab, was mich abgelenkt hätte. Vielleicht fällt es mir tief in meinem Innersten auch schwer einzusehen, daß man zu seiner Rettung nicht mehr unternehmen kann als das, was gerade versucht wird. Man sollte am besten einen Zug Meharisten auf die Suche nach ihm ausschicken, doch dazu braucht es einen Befehl.

Ich werde jetzt versuchen, an etwas anderes zu denken und ein wenig zu schlafen.

Ich küsse Dich innig,
René

Birmingham, den 16. April 1933

Meine liebe Mutter,

es zerreißt mir das Herz zu hören, daß Du kaum mehr Dein Zimmer verläßt und den ganzen Tag weinst. Wie gerne wäre ich zu Hause bei Dir, dann könnte ich Dich trösten und ganz fest in meine Arme schließen.

Ich habe vor, am nächsten Freitag mit dem Nachtzug zu kommen. Ich habe meinen Chef um einen freien Tag gebeten. Unter den gegebenen Umständen stehen die Chancen gut, daß er mir die Erlaubnis gibt, und dann würde ich erst am Montagabend nach Birmingham zurückkehren. So könnte ich drei ganze Tage zu Hause bei Dir und Papa sein. Das würde uns allen guttun. Wird Kiki auch da sein? Es wäre schön, wenn sie zu uns stoßen könnte.

Meine liebe Mutter, mach Dir keine Sorgen, hab Vertrauen in das Schicksal. Bis jetzt hatte Bill immer Glück, selbst aus den hoffnungslosesten Situationen ist er immer wieder herausgekommen. Warum sollte es also dieses Mal anders sein? Dein Billy hat einen Schutzengel, das weißt Du. Vergiß es nicht. Und er ist ein zäher Bursche. Also, bitte, mach Dir nicht allzu viele Sorgen.

Ich bin ihm böse, ich bin ihm richtig böse, weil er Dir so etwas antut. Solche Sorgen hast Du nicht verdient, Du bist für Deine Geduld und Deine wunderbare Güte immer nur schlecht entschädigt worden.

Ich verspreche Dir, daß Du Dich von heute an nie mehr über Deine Söhne beklagen mußt, ich verspreche es hoch und heilig. Ich spreche mit Bill, wenn er zurückkommt – er soll mit seinen Rekordversuchen aufhören und sich schnell eine gute Arbeit suchen. Ich lasse nicht zu, daß er sich wieder in so riskante Abenteuer stürzt. Die Fliegerei ist auf jeden Fall ein sehr kostspieliges Unterfangen. Und ich, ich werde mich auf meiner neuen Stelle anstrengen. Ich werde diese Arbeit nicht aufgeben, das darfst Du mir glauben.

Meine geliebte Mutter, ich ertrage den Gedanken nicht, daß Du Dir unsretwegen Sorgen machst. Es ist wirklich ungerecht, Dir solche Qualen zu bereiten.

Papa ist offenbar ganz zuversichtlich. Das ist gut so. Sag ihm, daß ich einen Beamten im Außenministerium kenne, den wir einschalten können, damit Ihr besser über die laufende Suche unterrichtet werdet. Er hat mir versichert, sein möglichstes zu tun und mich auf dem laufenden zu halten. Übrigens – ich nehme an, daß Ihr heute morgen von Chubbie Millers Vorhaben gehört habt. Alles ist nur ihre Schuld, und jetzt will sie ihn auch noch retten! Dieses Luder ist wirklich unverschämt. Fast hätte sie Bill auf den elektrischen Stuhl gebracht, und nun spielt sie die gute Seele. Ich hasse sie aus tiefstem Herzen, ich kann ihre Stimme nicht mehr hören. Am besten wäre es, sie würde schweigen und weit fortgehen. Sie hat mir meinen Bruder gestohlen und ihm den Kopf verdreht. Wenn Bill nicht noch Gefühle für sie hätte, hätte ich ihr schon lange eine Lektion erteilt, glaub mir. Denn genau das verdient sie. Sie hat schreckliches Leid über uns alle gebracht, vor allem über Dich und die arme Kiki.

Verliere die Hoffnung nicht, liebe Mutter. Ich grüße Dich von ganzem Herzen.

Grüße auch Papa und Kiki von mir
Jack

Fünfter Tag

Schmerzbrennend die Seele,
Das Herz in Flammen.
Ich bete zu Gott, er möge mich zu
Derjenigen bringen, die ich liebe,
Damit ich nicht hier aus Schmerz
Über ihre Abwesenheit sterbe.
Lied der Tuareg

Montag, 17. April, 6.20 Uhr

Morgen des fünften Tages. Fühle mich schlecht. Das sollte ich nicht, denn gestern abend, gleich nach Sonnenuntergang, sah ich von weitem eine Leuchtrakete. Ich antwortete gleich mit meiner letzten Fackel und nehme an, daß sie mich jetzt lokalisieren konnten. Ich will daran glauben. Meine Wasservorräte reichen noch für heute und morgen. Der gestrige Tag war die Hölle. Wenn es heute auch so wird, werde ich sicherlich noch mehr trinken. Die Stunden zwischen 10.30 und 16 Uhr sind unerträglich.

Ich glaube, sie kommen bald.

Reggane, den 17. April 1933

Meine Geliebte,

gestern kam eine Karawane – Tuareg mit etwa vierzig Packkamelen. Es ist nicht das erste Mal, daß eine Karawane nach Reggane kommt, aber nun liegen die Dinge etwas anders. Vorsorglich fragten wir, ob sie nicht irgendwo ein Flugzeug oder Spuren eines Piloten gefunden hätten. Der Älteste, ein gewisser Ibrahim agg Elkhurer, trug einen wunderschönen Fez und sah sehr stolz aus, den Litham* hatte er bis über die Nase gezogen. Leider hatten sie nichts gesichtet. Sie kommen aus der Region Tamanrasset* und gehören zum Stamm der Kel Rela*. Hinter den ärmlichen Häusern des Dorfes zwangen sie die Kamele auf die Knie, um unter dem Gebrüll der Tiere, die sich nach dem langen Weg endlich ausruhen konnten, das mitgeführte Salz und den Proviant abzuladen. Die Dörfler liefen zuhauf zusammen, um sie willkommen zu heißen. Kleine Negerkinder liefen aufgeregt in einer Wolke aus Staub und Gekreische neben den Kamelen her. Feierstimmung lag über der Oase.

Bei der Rückkehr ging ich im Bordj Estienne* vorbei. Seit meiner Ankunft hatte ich mich dort nicht mehr sehen lassen. Man muß sagen, wir spazieren oft im Sand herum. Die Herberge hat sich in diesen sechzehn Monaten sehr verändert. Das Maschinengewehr steht natürlich immer noch auf dem zinnenbewehrten Wall, aber innen hätte ich die Anlage kaum mehr wiedererkannt. Neben den Brunnen gibt es nun eine Zisterne von 10 000 l Fassungsvermögen, und rund um den Hof haben sie Mechanikerwerkstätten, eine Maurerei und mehrere Garagen gebaut. Es gibt auch ein Lager mit Ersatzteilen von *Renault* und einen Motorenraum. Bei den Wirtschaftsgebäuden steht neben dem Hühnerstall auch noch ein Schafstall, und im Gemüsegarten gibt es nun schöne Rote Bete, Salat, Puffbohnen und sogar Tomaten. Im Vergleich dazu sehen unsere vertrockneten Kohlbeete richtig ärmlich und traurig aus! Für uns wäre es vorteilhaft, wenn wir uns im Fall eines Berberangriffs hier einquartieren würden; es gibt hier hinter der Mechanikerwerkstatt noch enorme Lebensmittelvorräte und, soweit ich gehört habe, auch den einen oder anderen guten Tropfen. Der Speisesaal des Hotels ist auch eindrucksvoll. An Tagen mit großem Zustrom – die zugegebenermaßen nicht sehr zahlreich sind – essen hier bis zu vierzig Personen. Während der Sahara-Rallye war der Saal offenbar brechend voll, der Hof ebenso. Die Zimmer sind schlicht, aber das genügt.

Zur Zeit sind zwei kaputte Lastwagen im Hof auf der gestampften Erde aufgebockt. Ich habe mich ein wenig mit Cotti unterhalten, dem Mechaniker von der Transsaharischen Gesellschaft; er hat angefangen, die Laster zu reparieren. Immer läuft er mit freiem Oberkörper und einer verdrießlichen Miene herum, und sein Händedruck ist so fest, daß er in ganz Südalgerien bekannt ist, und damit übertreibe ich kaum. Ich habe seine Stube gesehen: eine richtige Rumpelkammer. Seine Socken, Unterhosen, Saroual* – alles voller Schmiere – lagen auf dem Boden, inmitten von allerlei Papierkram, Handbüchern, Briefen und Zeitschriften. In einer Ecke sah ich zahllose Antriebsräder, Stahlventile und sogar die Welle einer Ölpumpe. Auch habe ich die verschiedensten Kondensatoren und Federn entdeckt …

Bei der Rallye nahmen ihn alle in Anspruch, und er schonte sich nicht. In zwei Tagen überholte er offenbar zwei Dutzend Fahrzeuge, ob *Bugatti, Citroën, Cottin-Desgouttes, Talbot, Delage, Renault, Ford* – alles war vertreten, alle standen nebeneinander im Hof, bevor sie sich in den Tanezrouft wagten. Das ist seine schönste Erinnerung an die Wüste. Allen Besuchern erklärt er, daß man sich nur mit einem generalüberholten Motor auf die Sahara-Pisten machen sollte, denn die Motoren haben seit der letzten Einstellung oder Ausbohrung schon mehrere tausend Kilometer hinter sich. Jedem, der es hören will, sagt er: »Mehrteilige Kolben sind unsinnig. Man muß Kolben mit einem einteiligen Kolbenschaft einbauen und sie mit Kolbenringen versehen. Der Kolben muß sich im Zylinder immer frei bewegen können, und die Pleuelstangen müssen locker angebracht sein.« Also, alles spröde Mechanikerweisheiten, die man aber beherzigen sollte, wenn man sich auf sechshundert Kilometer Sahara-Scherze einläßt.

Cotti nahm mich mit auf die Dachterrasse des Forts, wo wir die Aussicht genossen. Stell dir vor, ich war noch nie da oben. Ganz im Süden sieht man den Tanezrouft; wirklich beeindruckend. Und erschrekkend. Im Westen sieht man die Oasen Zaouiat-Reggane, Timadanine, die Ksur* von Aït-el-Messaoud und Anzaglouf und im Osten die Oase Taourirt. Wunderschön!

Ich küsse Dich,
René

9.15 Uhr

Wieder stehe ich große seelische Qualen aus. Ich bin sicher, daß ich gestern abend dieses Signal gesehen habe, und die Person, die es ausgesendet hatte, müßte auch mein Signal gesehen haben. Doch bis jetzt hat sich nicht bestätigt, daß sie mich lokalisieren konnten – kein Flugzeug am Himmel, nichts. Ich bereue, daß ich gestern abend eine weitere Thermoskanne geleert habe. Damit habe ich meine Überlebenschancen um einen Tag verringert. Die

Dinge scheinen wirklich schlecht für mich zu stehen. Wenn ich mich gestern nicht in diesem Lichtschein getäuscht habe, hätte ich heute morgen etwas sichten müssen.

Meldung des Hauptmanns des motorisierten Zuges von Reggane an die Kommandantur der Region Colomb-Béchar*, 17. April 1933, 9.30 Uhr
■ Suche am Rand des Erg Chech negativ – stop – keine Spuren einer Maschine – stop – kein Notsignal – stop – setzen Suche weiter nach Osten fort – stop – befahren Gebiet zwischen Touat* und Tidikelt – stop – halten Sie auf dem laufendem

Johnson & Co. Ltd.
Airframe Manufacturer
Bradford, England

Bradford, den 17. April 1933

Verehrte Mrs. Miller,

die Gesellschaft, deren Direktor ich bin, gehört mir nicht zu allen Teilen. Wie Sie wissen, sind Mr. Norrel und ich seit der Gründung unseres Unternehmens vor neun Jahren Partner, und ich kann keine wichtigen Entscheidungen treffen, ohne mich mit ihm zu verständigen. Momentan befindet er sich für längere Zeit in Asien, und ich kann erst in ein bzw. zwei Wochen mit ihm in Kontakt treten. Somit ist es mir nicht möglich, Ihnen kurzfristig eine Maschine zur Verfügung zu stellen, um Bill Lancaster zu Hilfe zu kommen. Entgegen Ihren Hoffnungen kann ich Ihnen also keine Lösung anbieten und Ihnen nur nahelegen, Ihr Anliegen bei anderen Unternehmen der Branche vorzutragen.

Johnson

10 Uhr

Die Hitze wird heute unerträglich sein.
Mutter und Chubbie, ich denke an Euch.

The Jameson Aeroplane Co. Ltd.
Nottingham, England

Nottingham, den 17. April 1933

Sehr geehrte Mrs. Miller,

ich möchte mich in keiner Weise an dieser Operation beteiligen, die mir zum Scheitern verurteilt zu sein scheint und die ich gänzlich mißbillige. Finden Sie sich damit ab, daß ich mein privates Vermögen weder dafür einsetze, amouröse Eskapaden von irgendwelchen Leuten zu finanzieren, noch Personen zu Hilfe komme, die mit dem Gesetz in Konflikt geraten sind und sich in absurde Rekordversuche stürzen, mit denen sie nur ihr Wappenschild vergolden wollen. Ich spende mein Geld lieber für wohltätige Zwecke, was ich seit dreißig Jahren mit großer Überzeugung und in gutem Glauben auch tue.

Lord Jameson

10.20 Uhr

Kein Windhauch. Ich rechne mit dem Schlimmsten – wenn es denn so sein soll. Wahrscheinlich kann ich noch bis übermorgen durchhalten, danach gibt es kaum noch Hoffnung. Oh, Wasser! Wasser!

Chubbie, meine Liebe, gib die Fliegerei auf, werde seßhaft und sei Deiner Mutter eine Stütze auf ihre alten Tage.

Dir, meine liebe Mutter, hätte ich gerne mehr Trost gebracht. Doch denke trotz allem an die Freude, die ich Dir machen konnte. Ich werde die Hoffnung und den Glauben an meine Rettung bis zum Schluß nicht aufgeben.

Dymont & Co.
London, England

London, den 17. April 1933

Sehr geehrte Mrs. Miller,

ich bedauere zutiefst, daß ich Ihnen nicht helfen kann, wie Sie es mir in dem Brief antragen, den Sie in meinem Haus abgeben ließen. Es erscheint uns nicht angebracht, zum jetzigen Zeitpunkt eines unserer Flugzeuge auf so eine Mission zu schicken. Abgesehen davon, daß uns das ganze Unternehmen sehr riskant vorkommt, entspricht es auch nicht unseren Vorstellungen von der Werbeaktion, die wir in nächster Zeit durchführen wollen, um unsere Firma bekannter zu machen. Dafür würden wir sehr gerne bei einem künftigen Erkundungsflug oder einem Rekordversuch mit einer einmotorigen Maschine eine Zusammenarbeit mit Ihnen in Erwägung ziehen.

Dymont

Daily Express, 17. April 1933, **Erklärung von Bill Lancasters Vater** ■ »Wir wünschen nicht, daß jemand, der die schrecklichen Flugbedingungen über der Sahara nicht kennt, zur Suche nach unserem Sohn startet. Das wäre eine vergebliche Mühe, die unseren Wünschen völlig zuwiderliefe. Alles, was getan werden kann, wird momentan auch getan.

Selbstverständlich ist meine Frau sehr besorgt und weint seit zwei Tagen, ich hingegen bin keineswegs beunruhigt – das werde ich frühestens in einer Woche sein. Ich weiß, daß mein Sohn sehr widerstandsfähig ist, und bei den Vorbereitungen zu diesem Flug wurde uns sehr wohl klar, daß es ein Härtetest ist. Mein Sohn ist in bester körperlichen Verfassung, und beim Start hatte er Lebensmittel für eine Woche und Wasser für zehn Tage bei sich.

Ich stehe in ständigem Kontakt mit der Transsaharischen Gesellschaft. Sie schickte schon einen Wagen aus, und soweit ich weiß, wird sich in Kürze ein Flugzeug an der Suche beteiligen. Ich bin überzeugt, daß mein Sohn südöstlich von Gao gelandet ist. Wenn meine Einschätzung richtig ist, hatte er wohl versucht, Richtung Niger zu fliegen, und ist dort gelandet. Doch wo er nun auch sein mag – ich bin sicher, daß es ihm gutgeht.«

J. L. Dyer Aeroplanes Ltd.
Bradford, England

Bradford, den 17. April 1933

Verehrte Mrs. Miller,

ich bedauere, Ihnen mitteilen zu müssen, daß ich Ihrer Bitte nicht entsprechen kann. Es wäre zu riskant, Ihnen eines meiner Flugzeuge für die Suche nach Ihrem Freund Bill Lancaster zur Verfügung zu stellen, und es würde für meine Firma so einen empfindlichen Verdienstausfall bedeuten, daß ich nicht einwilligen kann. Meine Maschinen fliegen Tag für Tag, und schon jetzt können wir der Nachfrage seitens unserer Kunden kaum nachkommen. Darüber hinaus erlaube ich mir ganz persönlich, Ihnen von einem Flug in die Sahara abzuraten. Es besteht die hohe Wahrscheinlichkeit, daß Sie am Ende das gleiche Schicksal erleiden wie Ihr Freund – was die Suche nach ihm nur noch komplizieren würde. Es ist besser, Sie wenden sich an die französischen Behörden, die sich in dieser Region gut auskennen und, da bin ich sicher, bereits ihr möglichstes tun, um Ihren Freund zu finden.

Herzlich,
Dyer

Enzyklopädie der menschlichen Physiologie

Bei 6% Dehydration werden die genannten Symptome immer deutlicher. Hinzu kommen eine große Schwäche und neurologische Probleme – Kribbeln in Händen und Füßen, starke Kopfschmerzen, verminderte Zurechnungsfähigkeit –, die durch den Wasserentzug in den Hirnzellen verursacht werden.

Der fünfte Tag geht zu Ende, es ist also 18.45 Uhr an diesem fünften Tag. Die Southern Cross Minor *sieht jetzt nicht mehr aus wie ein Flugzeug. Ich mußte für meine Fackeln ziemlich viel Plane abreißen, und nun liegt die Maschine da wie eine armselige gerupfte, verstümmelte Ente.*

Ich habe mich in mein Schicksal gefügt, ich weiß, daß es für mich keine Rettung mehr gibt, es sei denn durch ein Wunder. Chubbie, denk dran – ich habe mein Versprechen gehalten und mich nicht von meinem Flugzeug entfernt.

Meine liebe Mutter, meine Gedanken sind immer bei Dir, sie sind auf dieser Reise immer bei Dir und bei meinem Vater gewesen. Ihr beide wart vor meinem Start so wunderbar zu mir.

Ich hoffe, es wird nicht so schlimm werden – ich meine, das Ende. Heute lag ich den ganzen Tag flach und starb fast vor Durst, aber ich halte durch und denke, daß ich noch zwei weitere Tage überleben kann. Ich bin natürlich ein bißchen schwach, weil ich nichts gegessen habe. Ich habe nur Durst. Ich möchte, daß diese Einträge so klar wie möglich sind – und vergeßt nicht, daß das Original oder eine entsprechende Abschrift für Chubbie bestimmt ist.

Mutter, sprich mit meinen kleinen Töchtern Pat und Nina Ann, grüße sie von mir und sage ihnen, was ich für sie empfinde. Sprich auch mit Kiki, sag ihr, daß sie mich nun wirklich vergessen kann. Werde ich sentimental? Das darf ich jetzt, ein letztes Mal. Außerdem liegt es in meinem Wesen, sentimental zu sein.

Ob dieser Pilot wiederkommen und weitere Leuchtraketen abschießen wird? Bitte, macht es wahr. Es wird dunkel, morgen früh werde ich bestimmt noch ein paar Zeilen schreiben.

Tagebuch von Chubbie Miller ■ 17. April 1933

Sitze fest. Wegen dieser Idioten. Keiner will mir helfen. Überall nur Memmen. Borchand, Moulder, Johnson, Dyer und die anderen …

Ich werde ihn nicht aufgeben.

Ich werde ein Flugzeug besorgen und ich werde Bill finden. Ich werde nicht aufgeben. Nein, nein, nein und noch mal nein!

Ich werde es diesen Idioten zeigen. Und ich werde nicht vergessen, was sie mir angetan haben. Bill wird es auch nicht vergessen. Wir werden ihnen schon sagen, was wir von ihnen halten, und wir werden weiterhin fliegen und weitere Rekorde aufstellen.

Sogar seine Familie legt die Hände in den Schoß … Sie verstehen nichts. Sie haben sowieso noch nie etwas verstanden. Sie hassen mich. Aber das ist mir egal.

Nur ich kann ihn noch retten.

Ich bin entschlossener denn je.

Sechster Tag

Der Tod hat nichts Beunruhigendes;
Wem Gott ihn zugedacht hat,
Der sieht ihn kommen.

Lied der Tuareg

Dienstag, 18. April (sechster Tag), 6 Uhr

Die kälteste Nacht, ich schlief zwischen 3 und 5 Uhr, erwachte zitternd trotz all meiner Kleider. Der menschliche Körper kann wirklich große Schwankungen aushalten. Tagsüber ersticke ich fast vor Hitze und leide schrecklich unter dem Wassermangel, nachts zittere ich vor Kälte und könnte einen guten Schluck Rum vertragen.

Ich beginne diesen sechsten Tag mit dem Gebet, daß heute etwas geschehen möge. Es ist höchst unwahrscheinlich, daß ich noch gerettet werde.

Und wieder wandern meine Gedanken zu meinen Lieben, zu denen, die mir teuer sind. Es geht mir sehr schlecht bei der Vorstellung, daß einige Menschen nun leiden. Chubbie, meine Mutter und mein Vater leiden bestimmt.

Ich bin wohl weiter von der Piste entfernt, als ich zu Anfang dachte. Vielleicht wagt sich ein beherzter Pilot doch noch hierher.

Oran, den 18. April 1933

Lieber Lucien,

ich antworte nur ganz kurz – Du weißt, daß mein Terminkalender zur Zeit übervoll ist (Vorbereitung des Treffens vom 26. April und Durchführung mehrerer technischer Veränderungen an meiner *Caudron Phalène*).

Hier also die letzten Informationen meines Aero-Clubs. Bei dem Treffen, das am 24. März zusammen mit der Gesellschaft für die Entwicklung der Luftfahrt und dem 2. Geschwader der in Afrika stationierten Luftwaffe stattfand, kamen 15 000 Personen zusammen. Das ist natürlich ein Erfolg, der unsere Erwartungen überstieg. Unsere Flugzeuge entfachten die Leidenschaft der Oraner, und es gab allein im letzten Monat 300 Lufttaufen.

Nun zu dem in der Wüste verschollenen englischen Piloten: Wir haben keine neuen Nachrichten. Es handelt sich um einen erfahrenen Mann, mit dem ich auf seinem Zwischenstop in Es-Senia* lange sprach. Er hat schon viele Langstreckenflüge unternommen und auch bereits einen Rekord aufgestellt. Dennoch schien er mir von seinem Flug hierher schon sehr erschöpft zu sein. Ich möchte mich nicht an der Suche beteiligen, die nun nach ihm durchgeführt wird; darum kümmert sich die Armee. Ich will mich auch nicht an dem Rekord London–Kapstadt versuchen, mein Ziel ist weiterhin der Landespokal für die Strecke Paris–Saigon. Dazu muß ich meine Maschine mit einem 560-l-Tank ausrüsten; ich möchte Ende Mai starten.

Lenoir und Faure nehmen in wenigen Tagen an der algerisch-marokkanischen Rallye teil. Wir hoffen, daß wir genauso gut abschneiden wie letzten Sommer in Fès (vier Ehrenplätze am Schluß des Rennens).

Aus dem Hause Blériot ist endlich eine gute Nachricht eingetroffen; zum Dank für die Unterstützung bei der Organisation der Rekordversuche versprachen sie uns zwei Maschinen, eine *Spad 32* und eine *Spad 42* (mit einem 80 PS starken Sternmotor).

Wir erwarten auch eine *Potez 43-AMJD,* die von Monier gebracht wird. Hoffentlich hat er mehr Glück als Duprat, der letzten Monat beim Rückflug mit seiner *Farman Luciole* einen Triebwerksschaden hatte, außerdem brach ihm zwischen Valencia und Alicante ein Propeller.

Félix

Meldung des Hauptmanns des motorisierten Zuges von Reggane an den Befehlshaber der Region Colomb-Béchar, 18. April 1933, 9 Uhr ■ Keine Spur von verschollenem Piloten – stop – setzen Suchoperation 100 km nach OSO fort

L'Humanité, 18. April 1933 ■ Das Streben nach Rekorden, die Versuche, die von den einzelnen Großmächten oft unterstützt und immer ausgenützt werden, werden immer gefährlicher. Bei diesen mörderischen Touren sind nun schon viele Fliegerasse verschollen. Bis heute gibt es von den beiden jüngst vermißten Piloten keine Nachrichten. Der eine, Captain Lancaster, der vor einigen Monaten in Miami in einen aufsehenerregenden Prozeß verstrickt war, startete am letzten Dienstag im englischen Lympne und wollte den Rekord auf der Strecke London–Kapstadt brechen, den Amy Mollison hält. Am Mittwochabend startete er in Reggane zum Überflug der Sahara. Seitdem gibt es keine Nachrichten von ihm. Der andere Pilot, der junge italienische Anwalt Leonido Robiano, startete zu einem Flug von England nach Australien und wollte Scotts Rekord brechen. Seit seinem Start in Kalkutta am Freitagmorgen gibt es von ihm keine Nachricht.

Brighton, 18. April 1933

Lieber Stephen,

Chubbie ist seit mehreren Tage auf der Suche nach einem Flugzeug, um ihren ehemaligen Partner Bill Lancaster zu retten. Sie scheut keine Mühen, sie spricht mit Fabrikanten und ehemaligen Piloten, sie schreibt Briefe an namhafte Personen, sie rennt von einer aeronautischen Gesellschaft zur nächsten, von einem Fliegerclub zum anderen, sie bat sogar schon das Ministerium um Hilfe. Ich fürchte, sie hat nicht sehr viel erreicht. Die englischen Behörden verstecken sich hinter den zuständigen französischen Stellen; das kommt ihnen zupaß. Sie wollen sich nicht zu sehr in diese Angelegenheit einmischen. Der Ruf des armen Bill Lancaster ist ja seit diesem Prozeß in Miami ziemlich beschädigt. Aber das hat er nicht verdient …

Ich mache mir Sorgen um Chubbie, auch wenn sie sich in dieser Angelegenheit ziemlich dumm verhalten hat. Ohne ihre Affäre mit dem berühmten Fraser wäre das alles nicht passiert. Doch so ist es nun mal – sie hat den Männern schon immer den Kopf verdreht, sie ist so schön, so frei, so unabhängig, so atemberaubend.

Schreib mir, sobald Du ein wenig Zeit findest.

Kate

Ich bereite mich auf fünf höllische Stunden vor. Ohne die Verletzungen hätte ich wohl nicht so gelitten.

Ich hoffe, daß ich auch morgen noch in dieses Heft schreiben kann.

Vielleicht tut sich ja heute etwas.

Bill Lancaster

Reggane, den 18. April 1933

Meine Geliebte,

immer noch keine Spur von dem englischen Piloten. Der Arme! Die Kameraden des motorisierten Zugs suchten erfolglos den Rand des Erg Chech ab; momentan bewegen sie sich in dem weitläufigen Gebiet zwischen Touat und Tidikelt und suchen nach dem kleinen blauen Flugzeug. Wie ich Dir schon schrieb, hat der Pilot vermutlich den Punkt verpaßt, wo die Piste nach Süden abbiegt, und ist zu weit nach Osten geflogen. Ich sprach darüber mit Mailloux. Er glaubt nicht, daß man ihn findet – es sei denn in ein paar Jahren durch Zufall …

(…)

René

Sechster Tag, 11.15 Uhr

Kein Windhauch. Viele Fliegen heute. Sie tun sich an meinem verletzten Kopf gütlich.

Kann heute sicherlich noch durchhalten. Aber was ist morgen? Meine Verletzungen dürfen nicht schlimmer werden. Ich warte immer auf ein Motorengeräusch. Das würde wie Musik in meinen Ohren klingen.

Liebste Mutter, ich wünsche mir, daß Du dieses Heft erhältst, daher werde ich es auch einwickeln, bevor meine letzten Stunden gekommen sind und ich zu schwach dazu bin. Die letzten Worte werde ich auf den Einband schreiben.

Cheltenham, den 18. April 1933

Sehr geehrter Herr,

Sie baten mich um eine Einschätzung der Fähigkeiten des Piloten Bill Lancaster, der zur Zeit in der Wüste vermißt wird. Ich habe seine Personalakte nicht eingesehen und halte das auch für unnötig, denn meine Erinnerung reicht aus, um mir eine genaue Vorstellung von seinem Können zu machen und Ihnen folgendes mitzuteilen:

Bill war kein herausragender Pilot. Ich würde sogar sagen, er war ein ziemlich mittelmäßiger Flieger. Trotz seiner Fähigkeiten als Mechaniker und einer gewissen Geschicklichkeit im Umgang mit der Maschine war er zu leichtfertig, um sicher und gleichmäßig zu fliegen. Bill Lancaster ist ein exzentrischer Mensch, er ist unreif und er konnte sich schlecht in die Staffel integrieren, die ich nach Indien führte. Sein unberechenbares Verhalten, seine direkten Reaktionen amüsierten uns und brachten uns zum Schmunzeln, doch wir betrachteten ihn nie als vollwertigen Piloten. Er war ein Außenseiter, ein viel zu verwöhntes Kind, und er hatte keine Ahnung vom wirklichen Leben, obwohl er verheiratet und damals schon Vater eines Kindes war – was seine Außenseiterrolle noch vergrößerte, denn wir anderen waren damals alle noch ledig.

Wir wußten, daß er nur dank des Krieges in die RAF aufgenommen worden war und daß er kaum gekämpft hatte – was ihm in unseren Augen wenig Ruhm und Vertrauen einbrachte. Kurz nach seiner Aufnahme in die RAF wurde er, glaube ich, im Norden Frankreichs abseits der Front bei einem Unfall verletzt; über die genauen Umstände weiß ich nicht Bescheid. Dafür weiß ich mit Sicherheit, daß der Unfall auf seinem Flug nach Australien, den er 1927 mit Chubbie Miller unternahm, durch Leichtfertigkeit verursacht war. Das weiß ich von einem leitenden Mitarbeiter von *Shell*; das Unternehmen hatte ihm für seinen Rekordversuch umsonst Benzin zur Verfügung gestellt. Nach seinem Start in Muntok auf der indonesischen Insel Bangka hatte er einen Motorschaden. Er hatte noch nicht genügend Höhe erreicht, um zu drehen, und versuchte daraufhin in einer Lichtung zu landen. Doch der Aufprall war hart, und Lancaster sowie Chubbie Miller kamen wie durch ein Wunder mit nur leichten Verletzungen davon. Das Flugzeug hingegen war sehr beschädigt. Lancaster hatte wohl einfach vergessen, vor dem Start den Benzinhahn aufzudrehen! Durch diesen Unfall verloren sie mehrere Wochen; das kostete sie den Rekord, denn Hinkler* erreichte Australien vor ihnen. Wie Sie wissen, mußten sich Bill Lancaster und Chubbie Miller mit dem Titel der ersten Piloten begnügen, die Australien im Duoflug erreichten.

In Peschawar konnte sich Lancaster nur so schlecht in die Staffel einfügen, daß ihn die Personalabteilung der Armee nach nur einem Jahr, statt nach normalerweise vier oder fünf Jahren, nach England versetzte. Sie schickte ihn nach Halton auf die Technikerschule, wo er für Verwaltungsaufgaben eingesetzt wurde, auch wenn er von Zeit zu Zeit flog. Es war eine Art Strafversetzung. Gleichzeitig versuchte Lancaster, in der Nähe des Flugplatzes ein Autohaus zu gründen. Damit wollte er Geld verdienen und sich auf eine neue Berufslaufbahn vorbereiten, aber ich glaube, das Ganze hat nicht besonders gut funktioniert. Auf jeden Fall kam er wohl jeden Tag mit einem anderen Wagen auf den Flugplatz; die neuen, prächtigen Autos waren unbezahlbar und brachten ihm bald den Ruf eines Angebers ein. Hin und wieder kam er auch zu Pferd, was seine Kameraden zur Weißglut brachte.

Bill war ein verwegener Mann, ein richtiger Draufgänger. Als die RAF im Jahr 1925 Freiwillige fürs Fallschirmspringen suchte, meldete er sich sofort. Er war einer der ersten Männer in England, die mit dieser Ausrüstung aus einem Flugzeug sprangen. Er hatte übrigens bei einem Treffen in Hendon vor mehreren hundert Zuschauern einen Schausprung gemacht, ohne seine Vorgesetzten davon zu unterrichten – die natürlich nicht sehr angetan waren. Ich erinnere mich auch an eine Geschichte, die mir ein Mechaniker in Halton erzählte: Eines Tages ging Lancaster mit ein paar Kameraden von der RAF ins Wembley-Stadion zu einem großen Rodeo, an dem zahlreiche Cowboys teilnahmen, die extra aus den Vereinigten Staaten angereist waren. Sie versuchten, sich solange wie möglich auf dem Rücken großer, wütender Stiere zu halten. Das Stadion war offensichtlich brechend voll. Dann gab es einen Wettkampf, an dem auch Zuschauer teilnehmen und eine Prämie von zehn Pfund gewinnen konnten. Lancaster machte mit. Einige Burschen vor ihm trugen Verletzungen davon, doch das konnte ihn nicht von einer Teilnahme abhalten, und, so unglaublich es auch klingt, er hat den Wettkampf gewonnen! Von diesem Moment an nahmen ihn seine Kameraden in Halton ernst. Ein anderes Mal hatte er sich einen Spaß daraus gemacht, in einem Sack von einem Sprungturm in ein Becken zu springen. Im Wasser befreite er sich dann mit Hilfe eines Messers aus dem Sack. Anhand dieser Geschichten können Sie sich sicherlich ein Bild von dieser etwas eigenwilligen Persönlichkeit machen, die ich damals kennengelernt habe. Ich glaube, daß es diesem Mann in Wahrheit sehr an Selbstvertrauen mangelt. Er geht gerne Risiken ein und tut außergewöhnliche Dinge, um Anerkennung von seinesgleichen zu bekommen, vor allem von den RAF Piloten, die ihn nie richtig akzeptierten. Meines Erachtens war er nicht für eine Karriere in der Armee geschaffen, dafür war er zuwenig anpassungsfähig. Ich glaube, er hat die RAF 1925 oder 1926 verlassen.

Ich hoffe, diese Informationen sind für Ihren Artikel hilfreich. Dennoch vertraue ich darauf, daß Sie das Andenken dieses Mannes, der nun verschollen ist, nicht beflecken und die Gefühle seiner trauernden Angehörigen respektieren.

Herzlich,
Major Kennet, RAF

Meldung des Hauptmanns des motorisierten Zuges von Reggane an die Kommandantur der Region Colomb-Béchar, 18. April 1933, 16 Uhr ■ Immer noch keine Spur von verschollenem Piloten – stop – weiten Suche Richtung Tidikelt aus – stop – erwarten Anweisungen

Morning Express, 18. April 1933 ■ Chubbie Miller, Pilotin und Freundin von William Lancaster, verteidigt heute den vermißten Piloten gegen die Kritik von Beni Oulif. Lancaster, der Amy Mollisons Rekord auf dem Flug nach Kapstadt brechen wollte, startete vor fünf Tagen in Reggane und wird seitdem vermißt. Obwohl er nach Kompaß bis Kapstadt fliegen wollte, hatte er, laut dieser kritischen Stimmen, außer ein paar Zündhölzern kein Licht an Bord. Der Start in Reggane verlief offenbar nicht gut, er flog im Zickzack und hielt nach Süden, anstatt Kurs auf Südosten zu nehmen. Lancaster war erschöpft in Reggane gelandet, wollte aber trotz seiner Müdigkeit und trotz der Tatsache, daß der Mond noch nicht aufgegangen war, unbedingt nach Gao weiterfliegen. Lancasters Verhalten wurde als »dem Wahnsinn nahe« geschildert, und es wurde darauf hingewiesen, daß sich die Kosten für die Suchaktion auf 6000 Pfund beliefen, die der französische Staat zu tragen hat. »Ich kann das nicht verstehen«, erklärte Mrs. Miller einem Journalisten des *Morning Express*, »ich kenne Bill Lancaster und ich glaube davon kein Wort. Ich kann mir lediglich vorstellen, daß diese Meldung verzerrt übermittelt wurde. Bill Lancaster ist einer der besten Piloten, die ich kenne, er ist die Besonnenheit in Person. Die Schwierigkeiten beim Start in Reggane wurden weit übertrieben.«

Indem sie den kritischen Stimmen allesamt widersprach, erklärte Mrs. Miller: »Captain Lancaster hatte eine Taschenlampe; ich bin mir ganz sicher, sie steckte in der kleinen Tasche neben den Armaturen. Außerdem hat er vor dem Start noch sechs Ersatzbatterien gekauft für den Fall, daß Probleme auftreten sollten. Er flog mit einer perfekt ausgestatteten Maschine von Kingford Smith. Ich bin jahrelang mit Lancaster geflogen, und ich habe nie erlebt, daß er einen schlechten Start hingelegt hätte. Wer dieses Telegramm aufgegeben hat, versteht wohl nicht sehr viel vom Fliegen. Bill Lancaster war bestens vorbereitet, er setzte alles auf sein Comeback und verbrachte viele Monate mit der Planung jeder Einzelheit. Niemand kann behaupten, daß dieser Flug schlecht organisiert oder schlecht vorbereitet war, wie es, wenn ich richtig verstehe, in diesem Bericht steht. Kapitän Lancaster ist kein Dummkopf, er ist noch nie ein unnötiges Risiko eingegangen.«

Tagebuch von Chubbie Miller ■ 18. April 1933

Sie haben ihn aufgegeben, und nun wollen sie auch noch sein Andenken beflecken. Aber ich werde ihn bis zum Ende verteidigen.

Ich lasse Dich nicht fallen, Bill. Ich kämpfe für Dich, ich werde nicht aufhören, für Dich zu kämpfen. Vorausgesetzt, Donwood hält Wort. Wenn ja, dann habe ich vielleicht morgen früh die *Farman.* Das wäre eine Chance. Hoffentlich ändert er seine Meinung nicht. Ich vertraue ihm.

Ich werde heute abend schon meine Ausrüstung herrichten, für alle Fälle.

Muß morgen in aller Frühe bei Butchard ein Funkgerät, einen Kreiselkompaß und Leuchtraketen besorgen. Ich werde nicht alles bekommen, was ich brauche, aber, nun gut, ich fliege trotzdem.

Kate rief heute nachmittag an. Sie war sehr aufmerksam und sehr mitfühlend, wie immer. Sie hat keine Ahnung, und es ist auch besser, wenn sie nichts weiß. Sie wird es noch früh genug erfahren. Und alles hängt sowieso von Donwood ab.

Ich bete für den kommenden Tag.

Siebter Tag

Ich war zwischen Leben und Tod,
Der Tod war nah.
Und mein Herz sprach:
»Ich liebe nur sie.«

Lied der Tuareg

Mittwoch, 19. April (siebter Tag)

Der letzte Tag einer Woche, die ich mit einem Flugzeugwrack und einem Wasserkanister mitten in der Sahara verbrachte.

Chubbie, ich habe getan, was ich konnte, ich bin bei der Maschine geblieben und habe eine ganze Woche durchgehalten. Meine Verletzungen machten mir natürlich sehr zu schaffen.

Heute geht mein Wasservorrat zur Neige. Ich kann das Wasser nicht noch mehr rationieren. Es ist also alles nur noch eine Frage von Stunden, und dann – lieber Gott, schenke mir ein schnelles Ende.

Dies sind nun meine letzten Worte, und ich möchte mich noch einmal an alle wenden, die mir lieb und teuer sind. Ich konnte hier nichts anderes tun, als auf dem Boden liegen, nachdenken und versuchen, allem auf den Grund zu gehen.

Chubbie, höre mit dem Fliegen auf; nun wird es Dir nichts mehr bringen. Verdiene Geld, das Du nicht mehr verlierst. Zahle meiner Mutter und meinem Vater zurück, was ihnen zusteht. Dann besorge Dir ein Ticket nach Australien und gehe zu Deiner geliebten Mutter zurück. Schenke ihr Deine

Hilfe für die paar Jahre, die sie noch zu leben hat. Denk daran, daß Dein Bill ein tapferer Bursche war. Schade, daß es nun auf diese Weise mit mir zu Ende geht. Denke hin und wieder an mich und schreibe Dein Buch. Mir gefällt die Vorstellung, daß es mir gewidmet ist.

Liebe Mutter, die ich in meinem Leben viel zu sehr vernachlässigt habe – ich wünsche mir, daß Du mit Chubbie sprechen und alles klären kannst. Denke daran, daß man seinen Feinden verzeihen muß. Vielen Dank für die Blumenkarte, sie hat mir großen Trost gespendet, nun lache ich nicht mehr über diese Verse; sie sind so schön. Ich hoffe, daß Du und Vater einander immer nah sein werdet. Übermittelt Jack meine brüderlichen Grüße, wenn Ihr ihm wieder einmal schreibt.

Und Vater – Du und ich müssen uns nur die Hand drücken. Wir verstehen uns. Dieser Unfall ist nicht meine Schuld, er gehört einfach zum »Spiel«. Denke an mich, wenn Du ein gutes Bier trinkst. Das wäre jetzt ein wahres Geschenk für mich.

Vor dem Start habe ich ein Testament aufgesetzt, es soll niemanden verletzen; es sollen lediglich meine letzten Verfügungen sein. Ich habe es Isaac für Chubbie übergeben.

Die Sonne geht auf, bald muß ich unter die Tragfläche kriechen und warten. Ich wickle dieses Heft zum Schutz in ein Stück Plane und hoffe, daß es

Euch in gutem Zustand überbracht wird. Denkt daran: In diesem Heft gibt es keine Geheimnisse, es soll sowohl von meiner lieben Mutter als auch von meiner geliebten Chubbie gelesen werden, gemeinsam oder jede für sich. Vergeßt nicht, der tapfere Bill würde sich wünschen, daß Ihr es gemeinsam lest, das ist sein letzter Wille.

Ich schnüre das Päckchen jetzt zu und schreibe noch ein Wort auf den Einband.

Auf Wiedersehen.

Gott sei mit Euch.

Bill

Mutter und Chub,

wenn es eine andere Welt gibt, wenn es ein Jenseits gibt – und ich bin sicher, daß es irgend etwas gibt –, dann warte ich auf Euch.

Bill

Telegramm an die britische Botschaft in Paris, 19. April 1933 ■ Chubbie Miller, Verlobte des in der Wüste verschollenen Piloten Lancaster, heute an Bord einer gecharterten *Farman* nach Reggane gestartet – stop – will eigene Suche durchführen – stop – französische Behörden in Algier benachrichtigen

Später

Ich schlüpfe nun unter den Tragflügel, vor mir liegen nur noch die Stunden meines Todeskampfs. Dieses Wrack ist aus der Luft sicherlich schwer zu sichten, es sieht kaum mehr aus wie ein Flugzeug.

Ich hoffe, ich konnte meine Würde bis zum Schluß bewahren. Ich wickle das Heft nun in die Plane. Wenn ich später noch etwas schreibe, schreibe ich es auf Streifen und schiebe sie unter den Draht, der das Päckchen zusammenhält.

Auf Wiedersehen
Bill

Meldung des Hauptmanns des motorisierten Zuges von Reggane an die Kommandantur der Region Colomb-Béchar, 19. April 1933, 16 Uhr ■ Immer noch keine Spur von verschollenem Pilot – stop – Wasser und Kraftstoff knapp – stop – erwarten Anweisungen

Evening Post, 20. April 1933 ■ Die junge australische Pilotin Chubbie Miller startete heute morgen in London, um ihren Freund Bill Lancaster zu suchen, der seit fast einer Woche in der Sahara vermißt wird. Letzten Dienstag war er in Lympne gestartet und wollte Mollisons Rekord auf dem Flug nach Kapstadt brechen. Bislang ist die Suche, die die französischen Behörden eingeleitet hatten, erfolglos verlaufen. Mrs. Miller bemühte sich tagelang um ein Flugzeug, um ins südalgerische Reggane zu fliegen, wo Lancaster zum letzten Mal gesehen wurde. Ein Angehöriger der Gesellschaft *Air Union* lieh ihr einen Eindecker, eine *Farman* mit 40 PS, und die Versicherungsgesellschaft *Lloyd's* bürgte für den Flug. Chubbie Miller rechnet damit, in zwei Tagen in Reggane zu sein. Sie und Bill Lancaster erreichten im Jahr 1927 Sydney auf dem ersten Duoflug von England nach Australien.

Geliebte Mutter, tröste meinen Vater. Sprich mit Mrs. K. M.[+] *(Ich liebe sie so. Lest dies gemeinsam und versucht, Euch besser zu verstehen.) Vater bekommt 600 Pfund auf die Maschine.*

(Eintrag auf der Innenseite des Umschlags)

Enzyklopädie der menschlichen Physiologie

Bei 8% Dehydration kommt es zu akuter geistiger Verwirrung (Wahnvorstellungen, Ohnmacht). Wegen der fehlenden Wärmeregulierung steigt die Körpertemperatur im Inneren an: Durch den einsetzenden Rückgang des Blutflusses in der Haut wird im Inneren ein ausreichender Blutdruck aufrechterhalten und der Wärmeaustausch von innen nach außen vermindert. Die Körpertemperatur steigt. Auffällig ist, daß der betroffene Mensch trotz des schnellen Anstiegs der Körpertemperatur nicht schwitzt. Es kann zu krampfartigen Zuckungen kommen.

Die Kreislaufstörungen, die in Verbindung mit der Verringerung des Blutplasmavolumens durch die Dehydration hervorgerufen werden, können zu einem tödlichen Kreislaufzusammenbruch führen.

[+] Mrs. Keith Miller, Chubbies offizieller Name.

Meldung der Kommandantur Colomb-Béchar an den motorisierten Zug von Reggane, 19. April 1933, 17.20 Uhr ■ Abbruch der Suche zu Land aus Algier befohlen – stop – Rückkehr zum Stützpunkt Reggane genehmigt

Mrs. Lancaster
69 Crystal Palace Park Road
London
England

PERSÖNLICH
An meine Mutter und Mrs. J. M. Keith Miller

Bitte lest dieses Heft gemeinsam im Gedenken an mich.

Bill

Das ist mein letzter Wille.

(Eintrag auf dem Einband des Heftes)

Daily Express, 19. April 1933 ■ Die australische Pilotin Mrs. Chubbie Miller machte sich auf die Suche nach ihrem Freund Bill Lancaster, der die Rekordflugzeit nach Kapstadt unterbieten wollte und vergangene Woche auf einem Flug über die Sahara verschollen ging. Schon letzte Woche hatte Chubbie Miller angekündigt, daß sie alles tun werde, um ihrem ehemaligen Partner zu Hilfe zu kommen, mit dem sie im Jahr 1927 einen Rekord im Duoflug nach Sydney aufgestellt hatte. Im vergangenen Jahr stand Bill Lancaster wegen Mordes an Chubbie Millers Geliebtem, Harold Fraser, in Miami vor Gericht. Am Ende des aufsehenerregenden Prozesses wurde er freigesprochen. Nun wollte er einen neuen Rekordversuch unternehmen und damit seine Karriere als Pilot in England neu beginnen.

An meine liebe Mutter und meine
geliebte Chubbie

Während dieser sieben Tage führte ich ein Tagebuch. Diese Zeilen schreibe ich nun am siebten Tag nach meinem Start in Reggane. Ich hoffe, Ihr bekommt dieses Heft und könnt es gemeinsam und im Gedenken an mich lesen. Niemand trägt die

Schuld. Der Motor hatte Aussetzer. Ich überschlug mich bei der Landung in der Nacht, und so ist es passiert.

Besucht Nina Ann und Pat für mich, grüßt sie von mir. K. wird verstehen. Ich befestige dieses Heft, das alle meine Gedanken und alle meine Wünsche enthält, am linken Tragflügel. Ich hoffe, es wird gefunden und Euch übergeben.

Auf Wiedersehen, Vater, mein alter Freund. Schreibt an Jack. Und auf Wiedersehen, meine Lieben.

Bill

(Niederschrift auf einer Seite des *Shell*-Bordbuchs)

Brighton, den 19. April 1933

Lieber Stephen,

gerade höre ich im Radio, daß Chubbie gestartet ist und Lancaster in der Sahara suchen will. Das ist Irrsinn! Und sie hat mir überhaupt nichts gesagt. Ich bin wütend und schrecklich besorgt. Ich werde mich an das Außenministerium wenden und darum bitten, daß die französischen Behörden benachrichtigt werden. Es muß alles getan werden, damit Chubbie nicht nach Südalgerien fliegt und auch noch in der Wüste verschwindet. Sie geht ein unsinniges Risiko ein, um ihn zu finden. Ich kenne meine Schwester und weiß, daß sie zu allem fähig ist. Wie kam sie überhaupt an ein Flugzeug? Sehr mysteriös. Sie hat doch nicht einen einzigen Penny in der Tasche, und bis vorgestern war auch niemand bereit, ihr Geld zu geben. Sie selbst hat mich gebeten, ihr etwas zu leihen, damit sie ein Flugzeug chartern kann, aber ich habe mich geweigert. Doch wenn sie sich etwas in den Kopf gesetzt hat, findet sie leider immer einen Weg, um ihr Ziel zu erreichen ... Vor wenigen Tagen hatte sie mir noch versichert, sie liebe Bill Lancaster nicht mehr und habe keineswegs vor, wieder mit ihm zusammenzuleben. Und jetzt? Jetzt hat sie sich auf die Suche nach ihm gemacht und setzt für ihn ihr Leben aufs Spiel! Ich verstehe sie wieder einmal nicht ... Ich werde Dir in den nächsten Tagen ausführlicher schreiben, aber erst muß ich versuchen, diesem Irrsinn so schnell wie möglich ein Ende zu setzen.

Kate

Achter Tag

Du, der Du das Meer mit Wogen gefüllt hast,
Die Dünen mit Sand, den Himmel mit Sternen,
Du, komm mir zu Hilfe.

Lied der Nomaden

Der achte Tag ist angebrochen. Es ist noch kühl. Ich habe kein Wasser.

Kein Wind. Ich warte geduldig. Kommt schnell, ich bitte Euch. Das Fieber hat mir die letzte Nacht zur Hölle gemacht. Hoffe, daß Ihr das Heft unversehrt bekommt.

Bill

(Niederschrift auf der *Shell*-Karte)

Telegramm des französischen Außenministeriums an den Gouverneur der Südterritorien in Algier, 20. April 1933, 17.50 Uhr ■ Maschine der britischen Pilotin C Miller gestern in Toulouse aufgetankt – stop – am Morgen Pyrenäen bei bedecktem Himmel überflogen – stop – derzeit Flug über Spanien Richtung Gibraltar – stop – voraussichtliche Ankunft am Abend in Oran

Telegramm des Gouverneurs der Südterritorien in Algier an das Außenministerium in Paris, 20. April 1933, 21 Uhr ■ Britische Pilotin C Miller am Abend in Oran gelandet – stop –Transsaharische Versicherung bezahlt – stop – Start in der Nacht nach Reggane – stop – Wettervorhersage gut – stop – voraussichtlich kein Wind

Enzyklopädie der menschlichen Physiologie

Bei mehr als 12% Dehydration entstehen irreversible neurologische und psychische Schädigungen. Es können arterielle Thrombosen, Lungenembolien und Lungenentzündung durch Schlucken auftreten. Es kommt zum Koma. Der Tod tritt ein.

Neunter Tag

In diesem kargen Land,
Wo Sand und Himmel sich treffen
Und verschmelzen,
Geschehen manchmal Wunder.
Lied der Nomaden

Reggane, den 21. April 1933

Meine Geliebte,

die Überraschungen reißen nicht ab. Stell Dir vor – gestern morgen landete hier ein Flugzeug, und eine hübsche junge, energische Frau stieg aus! Eine Australierin. Sie ist klein, hat kurze braune Haare, ist augenscheinlich von entschlossenem Charakter, und sie spricht kein Wort Französisch. Sie ist ganz allein mit ihrem Flugzeug von England hierhergeflogen! Und rate mal: Offenbar ist sie die Verlobte des Mannes, der in der Wüste vermißt wird. Sie will ihn suchen. Sie will schon am Nachmittag aufbrechen. Auf jeden Fall hat sie viel Mut. Doch die Vertreter der Transsaharischen Gesellschaft wollen, daß sie ein Papier unterzeichnet, das die Gesellschaft jeder Verantwortung enthebt, denn sie will nicht auch noch Suchoperationen nach ihr starten müssen. Die Australierin hat zwar eine Kaution gestellt, doch scheinbar reicht das nicht aus. Es ist sehr riskant, auf diese Weise zu einem Flug über die Wüste aufzubrechen, zudem hat sie wohl auch vor, sich von der Piste zu entfernen. Sie sagte, sie wolle versuchen, heute abend in Bidon V zu landen. Sie muß schon wahnsinnig verliebt sein, um so etwas zu tun.

Zur Zeit ruht sie sich in einem Zimmer des Forts der Gesellschaft aus. Scheinbar hat sie seit mehreren Tagen nicht geschlafen. Sie sah sehr erschöpft aus, als sie landete. Zum Mittagessen luden wir sie an unseren Tisch ein; ich weiß nicht, ob sie kommen wird. Ich will einen Blick in ihr Flugzeug werfen – gerade wird aufgetankt und Öl nachgefüllt. Ich werde nachher gleich weiterschreiben.

15.40 Uhr

Beim Essen war es sehr interessant. Die junge Australierin unterhielt sich lange mit uns. Zuerst war sie etwas kühl, aber dann entspannte sie sich ein wenig. Wir stellten ihr viele Fragen und erfuhren vieles. Zum Glück spricht der Funker ein paar Worte Englisch und konnte übersetzen, sonst hätten wir nichts verstanden. Ich weiß jetzt einiges über diesen Piloten und seine Verlobte – es ist eine unglaubliche Geschichte. Nach dem, was sie erzählte, sind die beiden in England sehr bekannt, weil sie den Rekord für den Duoflug von London nach Australien halten. Wir werden aber die Kameraden von der Staffel Colomb-Béchar trotzdem bitten herauszufinden, ob das stimmt. Offenbar haben die beiden einen Flugzeugabsturz über Indonesien überlebt, und dann mußte sie auf dem Flug auch noch eine Giftschlange töten, die sich an Bord geschlichen hatte. Bei dem Mann handelt es sich um einen ehemaligen RAF-Piloten. Damals konnte sie selbst noch nicht fliegen, und beide waren mit anderen Gatten verheiratet, aber bei dem Rekordflug verliebten sie sich ineinander. Danach lebten sie in den USA und nahmen dort an Wettflügen teil, die sie teilweise auch gewannen. Sie hätten sich gewünscht, daß ein Hollywood-Regisseur ihre Geschichte verfilmt, aber das hat nicht geklappt. Durch die Wirtschaftskrise brachen harte Zeiten für die beiden an, sie hatten kein Geld. Dann fand er eine Stelle in einer kleinen Firma. Währenddessen blieb sie allein in Florida, in Miami. Dort hatte sie ein Abenteuer mit einem Journalisten, den die beiden angestellt hatten, um ein Buch über sie zu schreiben, wenn ich mich recht entsinne. Ganz schön spannend, findest Du nicht? Und dann wurde dieser Mann am Abend, als Lancaster nach langer Zeit zurückkam, auch noch mit einer Kugel im Kopf im gemeinsamen Schlafzimmer gefunden. Man hatte Lancaster natürlich des Mordes angeklagt, aber nach ihren Worten war er unschuldig. Es kam zu einem langen Prozeß, nach dem er dann tatsächlich freigesprochen wurde. Danach kehrten sie nach Europa zurück. Er fand aber keine Arbeit, und so wollte er sich an einem neuen Rekord zwischen London und Kapstadt versuchen. Dadurch hoffte er, sich eine Öffentlichkeit zu verschaffen und bei seiner Rückkehr Arbeit zu finden. Nachdem er nun vermißt wird, denken einige Leute in England, daß er sich umgebracht hat. Sie meinen, er habe den Freitod in der Wüste gewählt, weil er ein Mörder sei und ihm das auf der Seele laste. Die Frau sagt jedoch, das stimme alles nicht, er sei verschollen, weil er eine Panne hatte, und sie sei nun gekommen, um ihn zu retten. Sie ist überzeugt, daß er noch am Leben ist. Sie kann einem fast leid tun.

Sie sprach lange mit Lecerf und wollte wissen, wie es ihrem Freund ging, als er hier startete. Sie fragte, ob er ein bestimmtes technisches Problem erwähnt habe. Lecerf verneinte, meinte aber, in den Tagen davor habe es Sandstürme gegeben, der Pilot sei mit Verspätung gelandet und habe erschöpft gewirkt.

Nach dem Essen bat sie uns, sie zu ihrem Flugzeug zu begleiten, einer *Farman* mit 40 PS. Wir gaben ihr ein paar Ratschläge, vor allem daß sie sich nicht zu weit von der Fahrpiste entfernen soll. Sie versicherte uns, daß sie vernünftig sein und keine unnötigen Risiken eingehen werde und daß es ihr oberstes Ziel sei, ihren Freund zu finden. Dann stieg sie in ihr Flugzeug, winkte uns zum Abschied und startete. Wir sahen, wie sie am Horizont verschwand, und gingen ein wenig besorgt zum Bordj zurück. Wir haben keine Ahnung, wie das alles enden wird. Vielleicht muß man sich in ein paar Tagen auch auf die Suche nach ihr machen. Die Zivilisten in der Sahara sind viel zu unvernünftig, sie machen sich einfach nicht klar, welche Gefahren die Wüste birgt. Sie haben blindes Vertrauen in die Technik, und das ist ein großer Fehler. Ich bin sicher, es ist weniger gefährlich, auf Kamelen zu reiten so wie wir.

Entschuldige bitte, daß ich immer nur von dieser Geschichte erzähle, meine Briefe kommen Dir sicherlich ganz unromantisch vor.

Ich küsse Dich,
René

Evening Post, 21. April 1933 ■ Die australische Pilotin Mrs. Chubbie Miller landete heute morgen im südalgerischen Reggane, wo sie hofft, die Suche nach ihrem Freund Bill Lancaster beginnen zu können, der seit einer Woche in der Sahara vermißt wird. Bislang ist die Suche, die von den französischen Behörden entlang der transsaharischen Piste eingeleitet wurde, erfolglos verlaufen, doch Mrs. Miller ist zuversichtlich, daß sie ihren Freund findet.

Telegramm des Stützpunktes Reggane an die Kommandantur Béchar-Colomb, 21. April 1933, 16 Uhr ■ Australische Pilotin Chubbie Miller heute in Reggane nach Gao gestartet – stop – Miller will vermißten Piloten Lancaster finden – stop – will auf eigene Gefahr fliegen – stop – Landung am Abend in Bidon V erwartet

Zehnter Tag

Reggane, den 22. April 1933

Meine Geliebte,

heute abend kam die Australierin zurück. Für uns ist das natürlich eine gute Nachricht, denn das heißt, daß sie nicht im Tanezrouft verschollen ging. Wir waren nämlich ziemlich besorgt, nachdem wir sie so allein gehen ließen. Sie war in Bidon V gelandet und hatte zwei Tage lang die Wüste überflogen. Das Flugzeug ihres Freundes konnte sie nicht sichten. Es ist bestimmt unauffindbar. Ich glaube, sie begreift das langsam. Sie hat sich sicherlich nicht klargemacht, wie groß die Sahara ist. Der alte Gabus in Bidon V dachte bestimmt, er hat Halluzinationen, als er sie aussteigen sah! Das war sicherlich eine Sensation an diesem Abend, denn in Bidon V gibt es nur zwei Schuppen und drei Männer, die kein Wort Englisch sprechen. Man ißt dort unter einem Blechdach, das die Sandstürme abhält und vor der brennenden Sonne schützt, aber es herrscht eine Höllenglut. Noch schlimmer als hier. Im Februar hatte es 60° C in der Sonne und 42° C im Schatten. Und es gibt kein Wasser. Man ist mitten im Nichts. Der nächste Brunnen ist 120 km entfernt im Nordosten, in Ouallene, oder 175 Kilometer entfernt bei In Ziza* im Osten.

Doch die Australierin will morgen früh wohl trotzdem ihre Suche fortsetzen. Der Hauptmann kam ins Bordj und wollte ihr das ausreden, doch er traute sich nicht, zu beharrlich zu sein. Sie wirkte so ratlos, so traurig ... Als er kam, saß sie in ihrem Fliegeroverall mit starrem Blick im Bett, und als er mit ihr sprach, weinte sie. Sie erzählte ihm, daß auch sie sich vor drei Jahren auf einem Flug von Pittsburgh nach Kuba verirrt hatte, sie war in starke Turbulenzen geraten und abgetrieben und war weitergeflogen, bis sie kein Benzin mehr hatte. Mehrere Flugzeuge suchten nach ihr, gaben die Suche aber nach einigen Tagen auf. Nur ihr Freund Lancaster gab sie nicht auf. Er führte sich auf wie ein Wilder, um sie zu finden. Er ging sogar nach Washington und wollte die US-Navy überreden, sich an der Suche zu beteiligen. Sie lehnten ab. Also charterte er ein Flugzeug und machte sich allein auf die Suche. Chubbie Miller hatte großes Glück, denn sie konnte auf einer Bahama-Insel landen. Nach einigen Tagen konnte sie melden, daß sie noch am Leben war. Und wie im Märchen kam der Verlobte zu ihr geflogen und nahm sie in seinem Flugzeug mit nach Florida. Das erklärt, warum sie sich so darauf versteift hat, ihn zu suchen, nachdem nun er vermißt wird und die Suche abgebrochen wurde. Diese Geschichte ist wirklich unglaublich; man müßte sie Pierre Benoit* vorschlagen, er würde daraus sicherlich einen Roman wie *Die Königin von Atlantis* schreiben. Wir sprechen hier ausschließlich über diese Geschichte. Wir warten auf Telegramme – Cornet und Pélissié hatten in drei Tagen noch nie soviel Besuch. Wenn Du also Zeitungsartikel findest, schick sie mir. Wie Du weißt, sind Informationen hier rar. Man ist von allem abgeschnitten. Ein bißchen wie dieser Pilot …

Ich küsse Dich,
René

Elfter Tag

Reggane, den 23. April 1933

Meine Geliebte,

die Australierin setzt ihre Suche beharrlich fort. Sie startete heute morgen wieder kurz nach Sonnenaufgang. Sie imponiert uns mit ihrem Mut und ihrer Entschlossenheit. Dennoch wirkt sie immer erschöpfter. Ihre Wangen sind eingefallen, ihre Haut ist von der Sonne verbrannt. Auch leidet sie sehr unter der Hitze. Wir wissen nicht so recht, was wir tun sollen, um ihr eine weitere Suche auszureden. Wir haben wohl kein Recht, ihr zu sagen, daß sie damit aufhören soll. Wenn sie solche Risiken eingeht, wird sie das gleiche Schicksal erleiden wie ihr Verlobter. Sie kennt die Wüste ja kaum, sie hat Ägypten und den Irak überflogen, aber das ist nicht zu vergleichen. Sie scheint die Gefahren der Fliegerei in der Sahara nicht richtig einzuschätzen. Es würde mich nicht überraschen, wenn der Gouverneur von Algier uns in ein paar Tagen anweisen würde, ihr Flugzeug zu sequestrieren, damit sie nicht starten kann und noch eine Dummheit begeht. Wir haben ihr einen Funkbereich angeboten, falls sie eine Panne hat, aber sie lehnte ab, sie will den Treibstoffverbrauch nicht noch erhöhen. Dabei verbraucht die *Farman* laut Mailloux nur 15 Liter in der Stunde, und das ist nicht sehr viel.

Lecerf bot ihr eine Gratisfahrt mit einem Wagen der Transsaharischen Gesellschaft nach Gao und zurück an – nächste Woche fährt ein Laster. Doch sie will ihre Suche mit dem Flugzeug fortsetzen. Sie geht davon aus, daß sich Lancaster nicht in der Nähe der Autopiste befindet, sonst wäre er schon gesichtet worden. Das ist wohl wahr. Hätte er Scheinwerfer gesehen, wäre er vermutlich zur Piste gegangen, vorausgesetzt natürlich, er kann noch laufen. Der Arme sitzt irgendwo fest und weiß nicht, wie er sich bemerkbar machen soll. Ihm geht es wie uns hier, ohne unsere Instrumente sind wir verloren. Die Tuareg hingegen wissen, wie man sich nachts bewegt; sie richten sich nur nach den Sternen. Wenn sie die Ténéré* durchqueren, um in Bilma Salz zu holen, folgen sie auf dem Hinweg den Pleiaden. Wenn der Orion untergeht – den sie Amanar nennen, was auf tamaschek »Führer« bedeutet –, lassen sie die Karawane anhalten. Im Tanezrouft, zwischen Ouallene und Am-Rhannan*, orientieren sie sich an zwei Sternen, Tenâfelit und Tôzzert aus dem Sternbild Argo Navis, und bestimmen den Süden. Sie haben wirklich erstaunliche Kenntnisse von den Sternen. Sie sagen damit auch jahreszeitliche Veränderungen voraus. Vor ein paar Tagen sagte mir ein Targi*, der »Fliegende Geier« sei vom Himmel verschwunden –

bei uns ist es das Sternbild Schwan –, und dies würde die große Hitze ankündigen. Und er hatte sich nicht getäuscht. Elender Geier! Scheinbar orientiert sich auch manch eine Zugvogelart aus Europa an den Sternen, wenn sie die Sahara überquert. Landernin weiß dies von einem Professor, der das letzte Jahr in El Goléa* verbrachte und eine wissenschaftliche Studie durchführte.

Der arme Engländer kann den Himmel natürlich nicht lesen. Nichts zu machen. Er sitzt vor einer Karte, die er nicht entziffern kann. Die Sterne könnten ihm das Leben retten, aber er sieht sie, ohne sie zu verstehen. Mailloux, an dem ein Philosoph verlorengegangen ist und der auch ein bißchen kommunistisch angehaucht ist, meint, Lancaster sei ein Produkt unserer Zivilisation: Er betet die Technik an, er hat nur Geschwindigkeit, Leistung und Erfolg im Kopf, er träumt von Ruhm und Reichtum, doch nun muß er feststellen, wie vergänglich und lächerlich das ist. Ganz unfreiwillig bekommt er nun eine Lektion in den wesentlichen Dingen des Lebens und muß all das lernen, was er jahrelang versäumt hat, er muß sich mit Zeit und Raum, mit der Natur und mit der Demut auseinandersetzen und feststellen, daß er alleine ein Niemand ist. Die Tuareg sagen: »Gott hat Lande voller Wasser geschaffen, damit die Menschen dort leben können, und er hat die Wüste geschaffen, damit die Menschen dort ihre Seele finden können.«

Ich hoffe, Dir geht es gut. Louis wird wohl gekommen sein, um Mais und Sonnenblumen zu pflanzen. Grüße ihn und Deinen Vater von mir. Gerade sah ich, wie ein großer Laster der Transsaharischen Gesellschaft mit unserer Post nach Colomb-Béchar aufbrach, und ich dachte, Dein Bruder sollte versuchen, einen Mähdrescher zu kaufen. Er soll mit Balestie in Villeneuve-sur-Lot sprechen, er kann ihm sicherlich ein Darlehen besorgen. Mit einer amerikanischen Maschine, einer *John Deer*, könnte Dein Bruder von diesem Jahr an Kunden bis nach Fumel für die Ernte finden, und er könnte auch anfangen, seinen Kredit zurückzuzahlen. Sprich mit ihm, wenn Du Gelegenheit dazu hast. Und sieh zu, ob Dein Vater ihm nicht ein wenig helfen kann.

Ich küsse Dich,
René

Dreizehnter Tag

Meldung der Kommandantur Colomb-Béchar an den Stützpunkt Reggane, 25. April 1933 ■ Anweisung aus Algier – stop – Suche nach englischem Piloten endgültig abgebrochen

Reggane, 25. April 1933

Meine Geliebte,

heute morgen erlebten wir hier ein kleines Drama. Gestern abend landete die Australierin nach einem zweitägigen Flug über die Region Gao. Die Landung verlief problemlos, doch in der Nacht hatte der Wind aufgefrischt, was ziemlich selten ist. Normalerweise hängt man Gewichte an die Tragflügel (meist Ölkanister), damit die Flugzeuge bei einer Bö auf dem Boden bleiben. Doch als die Australierin ankam, hatte leider keiner daran gedacht, und auch sie selbst kam nicht auf die Idee. Ein Windstoß warf das Flugzeug auf die Seite, und ein Tragflügel brach. Einer unserer Goum* bemerkte es und benachrichtigte uns heute morgen. Wir gingen schnell aufs Flugfeld und stellten fest, daß es wirklich so war. Die arme Australierin brach in Tränen aus. Lange saß sie im Sand vor ihrer kaputten Maschine.

Die Reparatur dauert mehrere Wochen. Und ich bin mir nicht einmal sicher, ob die Mechaniker der Transsaharischen Gesellschaft das überhaupt schaffen, nachdem Cotti mit den beiden kaputten Lastern schon alle Hände voll zu tun hat. Für die Australierin besteht keine Hoffung, in nächster Zeit wieder zu fliegen und die Suche nach ihrem Freund fortzusetzen. Sie wird ihn also nicht retten können, wie sie gehofft hatte. Wir versuchten sie zu trösten. Ich weiß nicht, was sie jetzt vorhat. Im Moment hat sie sich in ihrem Zimmer im Bordj eingeschlossen. Ich traue mich nicht mal, bei ihr anzuklopfen. Doch ich werde gleich hinübergehen und sie fragen, ob sie nicht etwas essen will. Wir wollen nicht, daß sie sich so grämt.

René

Fünfzehnter Tag

Reggane, den 27. April 1933

Die Australierin ist krank, ich weiß nicht, was ihr fehlt. Vielleicht verträgt sie das Wasser hier nicht; es ist stark magnesiumhaltig. Wer neu nach Reggane kommt, entgeht selten einem Fieber oder Beschwerden aller Art. Ich kann ein Lied davon singen … Ich habe alles mögliche nach Bordj Estienne gebracht, denn die Arme war ohne alles hier angekommen. Ich gab Lecerf Kaliumpermanganattabletten mit, damit sie das Wasser sterilisieren kann, außerdem *Ichthyol* gegen Verbrennungen, ein Päckchen Kompressen, zwei Fläschchen antibakterielles *Stovarsol*, ein Fläschchen *Vulcase* gegen Verstopfung, *Aspirin* und Chinintabletten. Damit wird sie hoffentlich wieder zügig auf die Beine kommen. Ansonsten muß sie mit dem nächsten Laster nach Algier gebracht werden.

Vor einigen Monaten wurde ein Baustellenleiter aus Ouallene auch aus unerfindlichen Gründen krank – und das 500 Kilometer vom nächsten Stützpunkt mit Arzt entfernt, der seinerseits nicht mobil war, weil sein Wagen eine Panne hatte. Sie wollten den Mann transportieren, doch dann beschlossen sie, zweimal am Tag mit dem Doktor zu sprechen und ihm im Detail den Verlauf der Krankheit zu schildern. Über Funk konnte der Arzt eine Behandlung indizieren, und der Mann wurde wieder gesund, ohne sich aus Ouallene wegzubewegen.

Im Moment ist unsere Australierin auf ihrem Zimmer. Bis jetzt traute sich noch niemand, ihr zu sagen, daß die Suche nach ihrem Kompagnon vorgestern endgültig abgebrochen wurde.

Wie wird sie diese Nachricht aufnehmen? Sie muß es auf alle Fälle erfahren …

René

Siebzehnter Tag

Reggane, den 29. April 1933

Meine Geliebte,

Chubbie Miller ist immer noch hier, aber sie bietet einen traurigen Anblick. Sie spricht nicht mehr, sie ißt nicht mehr. Sie verbringt fast den ganzen Tag auf ihrem Zimmer und verläßt es nur, um zu ihrem Flugzeug zu gehen und nachzusehen, ob ein Telegramm gekommen ist. Ich glaube, sie ist ein bißchen böse auf uns. Sie ist sehr enttäuscht. Sie hätte sich sicherlich gewünscht, daß wir uns mit den Kamelen auf die Suche nach ihrem Verlobten machten.

Gestern benutzte sie das Funkgerät im Bordj Estienne und bat den Hersteller ihres Flugzeugs, das Ersatzteil zu schicken. Die Mechaniker versuchten zu helfen, doch sie wollten nicht zu viel an der Maschine herumbasteln, weil sie dafür nicht ausgerüstet sind. Mittlerweile ist Lancaster ganz sicher tot. Ich selbst traute mich nicht, ihr zu sagen, daß die Suche aufgegeben wurde, ich wollte, daß sie es von jemand anderem erfährt, und das war in diesem Fall Lecerf. Angeblich zeigte sie keine Reaktion.

Trotz meines tollen Saroual fühle ich mich träge. Die Australierin muß denken, daß wir dem Mann, den sie liebte, keine Bedeutung beimaßen, und in gewisser Weise stimmt das auch. Wir verbrachten die Tage mit Nichtstun, Kartenspielen, Schlafen und Essen, und in der Wüste vertraute ein Mann auf seine Rettung. Er stellte sich vor, daß wir alles Menschenmögliche tun, um ihm zu Hilfe zu kommen, aber in Wahrheit spielten wir nur Karten.

Ich halte diese endlosen Tage nicht mehr aus, auch nicht die Gespräche mit den Kameraden im Fort. Wir schlürfen hier nur Pastis und berauschen uns an unseren angeblichen Erfolgen gegen die zerlumpten Nomaden. Manchmal würde ich mir wünschen, ich könnte fliegen und mich auf die Suche nach diesem Mann machen. Und sei es nur, um die Ehre des Zuges von Reggane zu retten.

René

Neunzehnter Tag

Früher glaubte ich, ich liebte Dich nicht,
Als man kam und mir sagte,
Du seist da unten gestorben.
Ich stieg auf den Hügel,
Wo mein Grab sein soll,
Und begrub mein Herz unter Steinen.

Lied der Tuareg

Reggane, den 1. Mai 1933

Meine Geliebte,

jeden Abend bei Sonnenuntergang, wenn die Hitze ein bißchen nachläßt, setzt sich Chubbie Miller auf die große Düne im Süden der Oase. Sie blickt zum Tanezrouft, der sich am Horizont erstreckt. Auch sitzt sie stundenlang in Gedanken versunken neben ihrem Flugzeug. Manchmal geht die Gazelle mit ihr; unser Maskottchen hat diese Fremde, die mit dem Tier Englisch spricht, ins Herz geschlossen. Gestern leistete ich den beiden Gesellschaft. Ich wollte mit ihr sprechen, wollte mich für alles entschuldigen, mich für unsere Untätigkeit entschuldigen. Ich habe schreckliche Schuldgefühle. Ich schenkte ihr ein Päckchen Zigaretten, mit denen sie auch ihre neue Freundin füttern konnte. Die Verständigung ist mühsam, aber wir schaffen es irgendwie.

Sie weiß, daß es für uns schwierig ist, ihren Freund zu suchen. Sie ist natürlich sehr traurig und glaubt, Bill Lancaster lebe noch. Sie wartet darauf, daß sein Flugzeug gesichtet wird und sie alleine weitersuchen kann. Diese junge Frau weiß wirklich, was Liebe ist, sonst wäre sie nicht hier – fernab von allem, fern ihrer Familie – und würde nicht solche Unannehmlichkeiten und solch eine Hitze in Kauf nehmen. Würdest Du auch so handeln, wenn ich vermißt wäre? Würdest auch Du in die Wüste reisen, um mich zu suchen? Ich wünschte mir, es wäre so, doch im Grunde weiß ich es selbst nicht ... Ich hoffe, ich muß Dich nie auf diese Probe stellen. Doch ich bewundere Chubbie Miller wirklich, diese junge Frau hat Mut. Doch ich weiß nicht, wie ich ihr helfen könnte. Ich fühle mich ganz ohnmächtig.

René

Zwanzigster Tag

Reggane, den 2. Mai 1933

Schade, daß Du nicht kommen willst. Dein Brief, den ich am Morgen erhielt, hat mich zugegebenermaßen schwer enttäuscht. Ich hatte insgeheim gehofft, daß Du im September nach Reggane kommst und bis zum Ende meiner Dienstzeit bleibst. Ich hatte mich ganz auf diesen Gedanken versteift, ohne daß ich mit Dir darüber gesprochen habe. Ich hatte auch schon den Hauptmann in Kenntnis gesetzt, und er gab seine Genehmigung. Im Dezember wollte ich dann mit Dir eine große Rundreise von ein, zwei Monaten durch Schwarzafrika machen, bevor wir nach Hause zurückkehren würden. Es wäre für Dich, und auch für mich, eine großartige Gelegenheit gewesen, die so schnell nicht wiederkommt. Es wäre ein Traum gewesen, die afrikanische Tierwelt, die Krokodile, Löwen und Nilpferde kennenzulernen und den Niger und die Dörfer der Schwarzen zu entdecken. Ich habe schon soviel davon gehört, seit ich hier in Reggane bin ...

Das wäre ein Abenteuer für Dich gewesen, nachdem Du noch nie weiter als bis nach Agen gekommen bist! Da hättest Du Deinen Kindern und Kindeskindern etwas zu erzählen gehabt. Und wir beide hätten wunderschöne Erinnerungen geteilt. Doch statt dessen werde ich nun zu Dir kommen und nicht mehr von Deiner Seite weichen. Das ist schade. Troupénate hätte sich bis zu unserer Rückkehr um das Geflügel und um den Garten kümmern können. Trotz seines Hangs zur Flasche ist er kein schlechter Kerl; das weißt Du genau. Und um Deinen Vater hätte sich Dein Bruder Louis gekümmert; das hätte er ruhig tun können, nach allem, was wir für ihn getan haben. Es ist wirklich schade, glaub mir, vor allem nachdem die transsaharische Piste mittlerweile gut ausgebaut ist. Du hättest den Tanezrouft in aller Sicherheit durchqueren können, es ist wirklich eine bequeme Reise in einem großen Wagen mit acht Pullman-Sitzen und einem großen Anhänger für das Gepäck, für die Fracht, Postsäcke und Ersatzteile. Es gibt auch eine Küche und Toiletten an Bord. Am Abend baut man die Sitze zu Liegen um, die durch Wände aus Mahagoni voneinander getrennt werden; es gibt sogar elektrisches Licht. Der Wagen hat einen 400-Liter-Tank und kann 800 Kilometer fahren, ohne zu tanken. Die Fahrer kenne ich gut, es sind zwei zähe Polen, die sich mit der Technik bestens auskennen und denen man volles Vertrauen entgegenbringen kann. Außerdem ist ein Telegraph dabei – auch ihn kenne ich gut; alle vier Stunden stellt er mit einer Antenne eine Verbindung zum nächsten Stützpunkt her.

Auf dem Programm steht auch ein Zwischenstop in Bidon V, das lohnt einen Umweg, auch wenn es im Moment kein Umweg ist und der Posten auf der transsaharischen Piste obligatorisch angefahren wird. Dort, mitten in der Wüste, gibt es einen Wehrbereichskommandeur, einen zivilen Telegraphen und einen schwarzen Koch, der offenbar die leckersten Spezialitäten aus unseren schönen Provinzen zubereitet, obwohl er selbst noch nie dortgewesen ist. Du kannst Dir selbst ausmalen, wie pittoresk dieser Ort ist ... Zur Zeit geht alle zwei Wochen ein Wagen, doch ab Oktober jede Woche. Normalerweise kostet die Fahrt pro Person 2400 Francs, aber Lecerf, der Verwalter des Forts, hätte mir sicher einen kleinen Nachlaß gewährt, wenn ich ihn darum gebeten hätte. Ich wollte auch ein bißchen Geld sparen, damit ich Dich in Colomb-Béchar zu einer Fahrt in einem Viersitzer einladen könnte, mit dem man für 250 Francs pro Tag und Person wunderbare Touren in Obervolta machen kann; das ist nicht sehr teuer. Mit meinem Sold und mit meinen Ersparnissen hätten wir uns diesen schönen Ausflug in den schwarzen Süden gut leisten können.

Schade, daß Du gar nicht neugierig darauf bist, neue, ferne Horizonte zu entdecken. Dir genügen die Täler von Prayssas, die Mais- und Weizenfelder in Tirontelle, unsere ärmliche alte Kirche in Lacenne und der Friedhof, wo Deine lieben Vorfahren ruhen. Alles andere ist für Dich nicht von großem

Interesse, nicht einmal diese Wüste und dieser wilde, faszinierende Kontinent, der mich so in seinen Bann gezogen hat … Ich bin enttäuscht, ich bin wirklich sehr enttäuscht.

Du verzichtest wegen ein paar Perlhühnern auf Afrika.

Wirklich schade …

René

Zweiundzwanzigster Tag

Ihr wißt, daß diese Liebe wahrhaftig ist.
Legen wir unser Schicksal in Gottes Hand!
Er kann uns wieder zusammenführen.

Lied der Tuareg

Reggane, den 4. Mai 1933

Seit einigen Tagen schlafe ich schlecht. Ganz sicher wegen der Hitze. Ich bin lieber wach und lehne mich an die Mauer im Hof des Bordj, blicke in die Sterne und rauche ein paar Zigaretten.

Je näher die Stunde des Aufbruchs rückt, desto unsicherer werde ich. Ich verspüre die eigenartige Versuchung, meinen Aufenthalt in dieser Gluthitze, in dieser Ödnis zu verlängern, über die ich mich bei Dir immer so beklagte. Ich habe noch ein paar Monate vor mir, und schon schmerzt es mich, dieses schreckliche Land verlassen zu müssen. Du denkst sicher, ich sei übergeschnappt oder eben sehr erschöpft. So ist es. Jetzt verstehe ich die Menschen, die die Wüste lieben. Ich verstehe sie. Ich beneide die Nomaden um ihre Freiheit. Manchmal fühle ich mich ein bißchen wie sie. In ein paar Monaten ist für mich hier alles vorbei. Dann bin ich wieder in meinem Wellblechschuppen, schleppe Baumstämme, säge Bretter, atme Sägemehl ein. Dann ist es vorbei mit den unerbittlichen Weiten, mit der Brüderlichkeit, die ich hier erfuhr, mit meinem großen afrikanischen Abenteuer. Bald bleiben mir nur noch

Erinnerungen und unerfüllte große Wünsche. Ich weiß, daß ich die Unbilden der Wüste schnell vergessen werde und mir nur eine tiefe Sehnsucht bleiben wird. Doch dann wäre es zu spät für jede Reue. Ich wäre wieder in meiner kleinen Kammer und zurück im Schoße eines Lebens, das schon ganz eingefahren ist. Hier in der Wüste wird alles ausgelöscht, alles fängt immer wieder von neuem an, alles ist vergänglich und grenzenlos.

Du kannst mich sicherlich nicht verstehen. All das klingt bestimmt wirr für Dich. Was sind meine Pläne? Ich weiß es nicht. Verzeih mir bitte.

Ich küsse Dich innig
(...)

5 Uhr

Möglicherweise kann ich Dir nun ein paar Tage nicht schreiben, denn ich habe gerade erfahren, daß ich mit dem Tanklaster nach Adrar fahren und Wasser holen muß. Dieser Mühsal bin ich schon mehrmals entronnen, aber diesmal hat mich der Hauptmann nicht verschont. Ich fahre mit dem Kameraden Berthelot.

Ich schreibe Dir sobald als möglich wieder. Paß inzwischen gut auf Dich auf.

René

Fünfte Woche

Gehe an der Spitze Deiner Selbst
Wie das erste Kamel einer Karawane.
Sprichwort der Tuareg

Colomb-Béchar, den 17. Mai 1933

Sehr geehrter Herr General,

hiermit möchte ich Sie über den Fall René Chauvet, Leutnant der Meharisten von Reggane, informieren. Die Sachlage ist folgende: Vor zwei Wochen bat Chauvet um die Erlaubnis, Mrs. Chubbie Miller nach Adrar zu begleiten, wo sie Ersatzteile für die Reparatur ihres Flugzeugs empfangen will. Die junge australische Pilotin versucht immer noch, ihren Gefährten zu finden, der in der Wüste vermißt wird.

Dem Leutnant wurde eine sechstägige Ausgehgenehmigung erteilt, nachdem es sich um einen wertvollen Soldaten und um einen soliden und besonnenen Mann handelt, der unserer Einheit in manch einer Situation große Dienste erwiesen und seine Tapferkeit unter Beweis gestellt hat. Außerdem erschien es uns angebracht, diese junge Australierin über einen Mittelsmann im Auge zu behalten, denn ihr Verhalten ist angesichts der Tragödie, die sie momentan durchlebt, höchst unberechenbar.

Laut unseren Unterlagen verließen der Leutnant und Mrs. Chubbie Miller am Morgen des 5. Mai mit zwei Reitkamelen und drei Packkamelen Fort Reggane. Bei normalen Witterungsverhältnissen braucht man zwei Tage nach Adrar, die Strecke birgt für einen versierten Meharisten wie Chauvet keinerlei Schwierigkeiten, man muß nur der Piste folgen, die durch mehrere Wagen ausreichend gespurt ist. Der Wetterbericht war gut, für die Region wurde kein Sandsturm vorausgesagt. Dennoch kamen der Leutnant und die junge Frau nie in Adrar an; die Wagen, die die Piste seitdem befuhren, haben nichts gesichtet. Wir halten es für ausgeschlossen, daß der Leutnant sich in diesem Gebiet, das unseren Männern wohlvertraut ist, verirrt hat, auch ein Berberüberfall scheint unwahrscheinlich, nachdem seit mehreren Monaten keine Zwischenfälle aus dieser Region gemeldet wurden. Die Stützpunkte der Region wurden in Alarmbereitschaft versetzt, konnten uns aber keine Informationen liefern, nachdem die Suchpatrouillen negativ meldeten. Der Leutnant sollte sich schon vor sechs Tagen wieder in Fort Reggane einfinden.

Es erscheint mir nun angebracht, Ihnen einige Angaben zur Kenntnis zu bringen, die seine Kameraden bei einer Befragung machten. Nach ihren Aussagen legte Chauvet in den letzten Tagen vor seinem Verschwinden ein eher ungewöhnliches Betragen an den Tag. So hatte er beispielsweise seit einiger Zeit den Abend nicht mehr mit seinen Kameraden, sondern allein auf seiner Stube verbracht. Doch da Chauvet eher ein ruhiger Mensch, gar ein

Einzelgänger ist, sorgten sich seine Kameraden deswegen nicht.

Darüber hinaus wurde er mehrere Male bei der großen Düne im Süden der Oase sowie im Bordj Estienne gesehen, wo Mrs. Chubbie Miller logiert. Einige seiner Kameraden deuteten an, daß der Leutnant sehr angerührt war von der Tragödie, die diese junge Frau durchlebt, und sie nehmen an, daß sein Verschwinden in direktem Zusammenhang mit dieser Geschichte steht. Vielleicht hatte er versucht, der Frau zu helfen. Bekanntermaßen kann die Anwesenheit einer Vertreterin des schönen Geschlechts eine männliche Gemeinschaft, die zudem so isoliert ist, aus dem Gleichgewicht bringen und manchmal sogar zu Verhaltensweisen führen, die jeder Vernunft zuwiderlaufen. Um es in aller Deutlichkeit zu sagen: Es steht zu fürchten, daß Lieutenant Chauvet mit dieser jungen Frau in die Wüste aufgebrochen ist, um den Piloten Bill Lancaster zu suchen, der seit über einem Monat vermißt wird und nach dem die Suche auf Befehl aus Algier aufgegeben wurde.

Da der Leutnant in Frankreich verheiratet ist und in wenigen Monaten von seiner Familie zurückerwartet wird, wäre es wünschenswert, wenn diese Angelegenheit zumindest fürs erste mit größtmöglicher Diskretion behandeln werden könnte.

Wir haben bereits begonnen, die einheimische Bevölkerung zu befragen und Informationen über Chauvets Verschwinden einzuholen. So erfuhren wir auch, daß er bei einem Kamelhändler in Reggane drei Tiere geliehen hat, sogenannte Azelraf, die für solch große Sahara-Durchquerungen besonders geeignet sind, und daß er ausreichend Drin* gekauft hat, um die Kamele in diesem Gebiet ohne Weidestellen mindestens zwei Wochen lang zu füttern – was uns in unseren Befürchtungen nur noch bestärkt. Auch soll er bei einem Händler in der Kasbah* eine große Menge Mehl, Zucker und Tee gekauft haben. Capitaine Borel schickte zwei Goum in das etwa zehn Kilometer vom Bordj entfernte Oued Ilamane*, wo die Kamelherden der Nomaden normalerweise weiden. Doch wie zu erwarten, waren Chauvets Kamele nicht mehr dort.

Über mehr Informationen verfügen wir momentan nicht. Wir setzen unsere Ermittlungen fort und halten Sie über alles weitere auf dem laufenden.

Colonel Guénard
Befehlshaber der Region Colomb-Béchar

Seit zwölf Tagen dringen wir nun Richtung SSW in die Wüste vor. Steiniger Reg*. Zermürbende Hitze. Colomb-Béchar sicherlich mittlerweile informiert. Suche kann eingeleitet werden. Aber es wird schwierig, uns zu finden, weil wir nur wenige Spuren hinterlassen haben.

Die Australierin überrascht mich durch ihre Beharrlichkeit und ihre Ausdauer. Sie klagt nicht, trotz der großen Hitze. Mittags hat es fast 50° C im Schatten. Gehen weiter und suchen den Horizont nach dem blauen Flugzeug ab. Die Helligkeit schmerzt in den Augen. Wir rationieren das Wasser, so gut es geht, und haben schon Durst. Die Wasserfässer leeren sich in besorgniserregendem Tempo. Ich schreibe diese Zeilen bei Sonnenuntergang an diesem Freitag, dem 17. Mai 1933. Die Australierin liegt ein paar Meter entfernt von mir erschöpft auf dem Boden.

Die Kamele habe ich entladen und festgepflockt. Bald wecke ich Chubbie zum Essen. Abends erzählt sie mir manchmal vertrauliche Dinge. Aus ihrem Leben mit Bill Lancaster. Ich verstehe nicht alles, was sie sagt. Trotz der Erschöpfung und der Gefahr scheint sie fast ihren Frieden gefunden zu haben, nachdem sie nun in der Wüste ist.

Sie ist immer noch schön und begehrenswert. Manchmal steht sie in der Nacht auf und geht ein Stück. Sie sieht sich um, sicherlich sucht sie einen

Lichtschein am Horizont. Dann redet sie laut, spricht mit ihm, ganz allein in dieser Weite. Ich liege unter meinem Burnus und beobachte sie aus dem Augenwinkel. Manchmal höre ich im Halbschlaf auch ihre Stimme, die der Wind zu mir trägt und die in meine Träume dringt …

Die Kamele gehen nur widerwillig nach Süden. Gegenwärtig ist in diesem schrecklichen Gebiet nichts Gutes zu erwarten. Wir sollten eigentlich nach Norden gehen, nach Touat und zu den fruchtbaren Oasen. Aber die Australierin treibt uns immer weiter durch erschreckende Ödnis. Ich lasse mich im Grunde von ihr führen, obwohl sie so schwach und zerbrechlich ist. Ich kenne die Wüste, aber sie kennt das Geheimnis der Liebe … Sie sagt, ihr Gefährte sei irgendwo hier im Tanezrouft. Sie sagt, er sei nicht in der Nähe von Gao abgestürzt, auch nicht im Erg Chech oder sonstwo. Er sei hier im Tanezrouft. Ich prüfe lediglich den Kompaß, teile die Vorräte ein, füttere die Kamele und passe auf die junge Frau auf. Sie geht zu ihm, das Geheimnis soll sich offenbaren. Ich bin gespannt … So gehen wir beharrlich weiter zu unbekannten Horizonten, getrieben von einer Mischung aus Aufregung und tiefem Ernst. Bestimmt ist es ein Irrsinn, sich in den Tanezrouft zu wagen, wir werden unseren Leichtsinn ganz sicher noch bereuen, doch im Moment bin ich zuversichtlich trotz der Schwierigkeiten, die auf uns zukommen. Ich will an das Wunder der Liebe glauben.

Tagebuch von Lieutenant Chauvet ■ 18. Mai 1933; am 36. Tag nach Lancasters Verschwinden

Die Tage folgen aufeinander, einer gleicht dem anderen. Immer noch marschieren wir vierzehn Stunden am Tag nach SSW. Lancasters Flugzeug bleibt unauffindbar. Gestern kam Wind auf, Dunst umhüllt den Horizont, was die Suche nicht gerade erleichtert. Doch die Australierin scheint die Hoffnung nicht zu verlieren. Gestern abend zeigte sie mir im Licht ihrer Taschenlampe Fotos, die sie mitgenommen hat. Ein Foto von Bill Lancaster auf ihrem Flug nach Australien. Ein Porträt von Lancaster in der Uniform der RAF und ein Foto nach einer Landung im Irak, auf dem beide zu sehen sind. Ich würde gerne die Geschichte über den Prozeß in Miami hören, aber sie verstand meine Frage nicht oder tat so, als verstehe sie nicht.

Der Tanezrouft ist unsäglich eintönig und flach. Wir marschieren durch eine schrecklich triste, fürchterlich deprimierende Landschaft, die sich seit fast einer Woche kaum verändert hat. Bei der Hitze und der Erschöpfung wird es immer schwieriger, am Tag nicht auf dem Rücken der Kamele einzuschlafen. Ich habe Angst, daß die Australierin von ihrem Tier fallen und sich verletzen könnte. Ich bat sie, sich anzuseilen. Ich habe nicht vergessen, daß Lieutenant Chatel vor ein paar Monaten auf einer Erkundung im Tassili N'Ajjer* auf Felsen

ED
ROSE

»Captain Lancaster hatte eine Taschenlampe; ich bin mir ganz sicher, sie steckte in der kleinen Tasche neben den Armaturen.«

gefallen ist und sich schwere Verletzungen zugezogen hat.

Wo ist Bill Lancaster? Hier in der Nähe oder Tausende von Kilometern entfernt? Ich fürchte fast, unsere Mühen sind umsonst. Die Sahara kennt keine Gnade.

Tagebuch von Lieutenant Chauvet ■ 20. Mai 1933; am 38. Tag nach Lancasters Verschwinden

In der Nacht rüttelte die Australierin mich wach. Sie glaubte, am Horizont etwas gesichtet zu haben, was wie ein Feuer aussah. Ich stand auf und blickte angestrengt durchs Fernglas in die angegebene Richtung, sah aber nichts. Gleich darauf legte ich mich wieder schlafen. Offenbar war sie mir böse. Noch lange stand sie da und suchte den Horizont ab, dann legte auch sie sich wieder hin. Doch ich glaube, sie konnte nicht schlafen. Als ich am Morgen aufwachte, weinte sie. Sie wirkt so erschöpft, daß ich ihr vorschlug, einen ganzen Tag Rast zu machen, anstatt weiterzugehen, doch das brachte sie in Rage. Haben die Etappe wortlos auf den Kamelen zurückgelegt.

Tagebuch von Lieutenant Chauvet ■ 23. Mai 1933; am 41. Tag nach Lancasters Verschwinden

Die Hitze wird unerträglich. Ich weiß nicht, wie lange wir noch durchhalten. Mit Sonnenaufgang fängt das Leiden an und hört erst am Abend wieder auf, und wir sind zerschlagen, völlig niedergeschmettert. Stunden und Tage ziehen sich langsam durch die überhitzten Geröllfelder. Die Wasservorräte sind auf einen beunruhigenden Pegel gesunken. Wir haben nur noch zweieinhalb Fässer. Selbst wenn wir das Wasser noch mehr einteilen, können wir höchstens noch zehn Tage durchhalten. Außerdem verdampft das Wasser in den Fässern, bevor wir es noch trinken können. Und von Lancaster keine Spur. Von keinem Menschen eine Spur

Colomb-Béchar, den 23. Mai 1933

Sehr geehrter Herr General,

wir wissen nun mit Gewißheit, daß Lieutenant Chauvet und Mrs. Chubbie Miller nach Süden marschiert sind und nicht nach Norden, wie sie bei ihrem Aufbruch angaben. Ein Beduine will sie vor zwei Wochen etwa zehn Kilometer südlich von Reggane gesehen haben – was uns in unseren Befürchtungen bestärkt. Es scheint immer wahrscheinlicher, daß der Leutnant und die junge Frau auf Kamelen in den Tanezrouft geritten sind und nach dem vermißten Piloten Bill Lancaster suchen. Scheinbar gaben sie vor, nach Adrar zu gehen, um kein Mißtrauen zu wecken und zu verhindern, daß die Meharisten ihnen folgen. Wir erwarten Anweisungen, ob wir in diesem besonders weitläufigen und gefährlichen Gebiet Suchoperationen nach den beiden einleiten sollen. Mehrere meiner Männer haben sich schon freiwillig gemeldet für den Fall, daß entsprechende Maßnahmen ergriffen werden.

Colonel Guénard
Befehlshaber der Region Colomb-Béchar

Daily Post, 23. Mai 1933 ■ Wie eine algerische Zeitung berichtet, wird Mrs. Chubbie Miller, die Freundin des Piloten Lancaster, von dem es seit mehreren Wochen keine Nachrichten gibt, nun ihrerseits in der Wüste vermißt, nachdem sie sich auf die Suche nach ihm gemacht hatte. Laut einem Lastwagenfahrer, der die Piste zwischen Reggane und Algier befährt, soll die junge Frau vor zwei Wochen zusammen mit einem französischen Soldaten Reggane auf Kamelen verlassen haben und in den Tanezrouft geritten sein, ohne die französischen Behörden zu benachrichtigen. Seitdem gibt es von den beiden kein Lebenszeichen. Dieser Vorfall droht die Kontroversen wieder anzufachen, die die Suche nach Bill Lancaster begleitet hatten. Mehrfach hatte Mrs. Miller die französischen Behörden kritisiert und die Ineffizienz der durchgeführten Suchaktionen beklagt sowie den fehlenden Willen verurteilt, ihrem vermißten Freund zu Hilfe zu kommen. Dies hatte dazu geführt, daß sie sich selbst auf die Suche machte.

Sechste Woche

Ich stand allein am Fuße überhängender Felsen;
Ich verzehrte mich vor Liebe;
das Wasser konnte meinen Durst nicht stillen,
So sehr brannte mein Herz.
(...)
Bald stehe ich wieder vor Euch;
Wenn ich nicht sterbe, werde ich da sein.

Lied der Tuareg

Tagebuch von Lieutenant Chauvet ■ 24. Mai 1933; am 42. Tag nach Lancasters Verschwinden

Wir sind erschöpft, die Kamele auch. Wir haben gerade noch Wasser für acht Tage. Aber ich glaube, das ist der Australierin egal, sie will die Suche bis zum Ende fortsetzen. Ein Packkamel ist gestern zusammengebrochen und konnte nicht mehr aufstehen. Mußten es mit dem Tod in der Seele zurücklassen. Habe die Last auf die beiden anderen Tiere verteilt, die bis zum Abend ununterbrochen protestierten. Wir schaffen fast dreißig Kilometer pro Tag, das ist nicht viel, aber ziemlich ordentlich angesichts unseres körperlichen Zustands und der großen Hitze.

Wir sind bald drei Wochen unterwegs, und Lancasters Flugzeug ist immer noch nicht in Sicht. Um es zu entdecken, müssen wir auf ein Wunder hoffen, nachdem seit einigen Tagen die Sicht wegen des Windes schlecht ist. Wir fanden auch keine Weiden für die Kamele, obwohl ich darauf vertraut hatte, um die armen Tiere zu füttern. Nun habe ich nur noch ein paar magere Drin-Büschel für sie. Das wird sie zwar von ihrem Hunger ablenken, ihn aber nicht stillen.

Chubbie ist sehr geschwächt, legt aber immer noch eine beispielhafte Ausdauer an den Tag. Eigenartigerweise dankt sie mir jeden Tag, daß ich sie begleitet habe; sie kann nun wohl das Risiko besser einschätzen, das wir zusammen eingegangen sind. Es ist ganz klar ein Irrsinn, sich auf gut Glück in den Tanezrouft zu wagen. Ich nehme das Los, das mir beschieden ist, gelassen an, will aber nicht aufgeben. Trotz ihrer Erschöpfung sucht C.M. immer noch den Horizont nach Zeichen ihres Freundes ab, ich hingegen suche nicht mehr richtig, ich begnüge mich damit, Kurs zu halten.

Die Wüste ist immer noch hoffnungslos öde. Selbst wenn wir Lancaster finden, glaube ich nicht, daß wir ihn bergen können. Auch wir sind nun dem Ende nah, und es wird immer wahrscheinlicher, daß uns das gleiche Schicksal trifft wie Lancaster. Also, warum noch weitersuchen? Seit einiger Zeit interessiert sich C.M. nicht mehr für die Nieger-Karte, die ich jeden Abend vor ihr ausbreite, sie legt sich lieber hin und hängt ihren Gedanken nach. Wir sind schätzungsweise 400 Kilometer von der Piste entfernt. Wir könnten sie frühestens in einer Woche erreichen, wenn wir auch nachts marschieren. Mit ein bißchen Glück treffen wir dort auf einen Wagen der Transsaharischen Gesellschaft oder der Armee, die sich auf die Suche nach uns gemacht haben. Sollte ich mich verschätzt haben und die Piste wäre noch weiter entfernt, haben wir keine Chance mehr und werden in dieser schrecklichen Wüste verdursten wie so viele andere vor uns.

Tagebuch von Lieutenant Chauvet ■ 29. Mai 1933; am 47. Tag nach Lancasters Verschwinden

Trotz unserer beklagenswerten Verfassung sind wir den ganzen Tag nach Süden marschiert. Wüste, wohin man blickt. Um 14 Uhr beträgt die Temperatur am Boden 64 °C. Erstickend. Drückend. Der Wind ließ am Abend nach, aber Schwebesand verdunkelt das Sternenlicht. Es ist sehr düster. Wir sehen nichts. C.M. spricht nicht mehr. Haben nun das letzte Wasserfaß geleert. Wir haben nur noch drei Gerba. Danach kommt das Unbekannte …

Tagebuch von Lieutenant Chauvet ■ 31. Mai 1933; am 49. Tag nach Lancasters Verschwinden

Die Kamele haben den ganzen Tag lang unerträglich gebrüllt. Auch Aman, mein Tier, ist in den Chor eingefallen, obwohl es ziemlich zäh ist. Bin besorgt. Haben das Lager neben einem kleinen Dünengebiet aufgeschlagen. Im Westen sieht man den Fels von El Khnâchîch*. Morgen versuchen wir, dorthin zu gelangen. Vielleicht finden wir Weidestellen.

Tagebuch von Lieutenant Chauvet ▪ 1. Juni 1933; am 50. Tag nach Lancasters Verschwinden

Vor Sonnenuntergang bin ich den 50 m hohen Felsen hinaufgeklettert. C.M. ist zu erschöpft, sie konnte nicht, sie blieb unten im Lager bei den Kamelen. Meine Sichtungen von dort oben mit dem Fernglas ergaben nichts. Kein Flugzeug, kein Notsignal. Der Tanezrouft ist wie leergefegt. Und es gibt keine Weidestellen für die Kamele.

Tagebuch von Lieutenant Chauvet ▪ 2. Juni 1933; am 51. Tag nach Lancasters Verschwinden

Trotz der Fesselstricke sind die Kamele in der Nacht weggelaufen. Ich mußte sie nacheinander wieder zurückholen. Damit haben wir zwei Stunden verloren. Marschieren weiter nach SSO, dreizehn Stunden auf endlosem Geröll, manchmal reiten wir, manchmal führen wir die Tiere zu Fuß. Die Hitze ist immer noch völlig unerträglich, auch für einen erfahrenen Meharisten wie mich – Bodentemperatur 70° C um 14 Uhr. Keine Spur eines Tieres, kein Bewuchs, nirgendwo Leben. Nur Ödland, soweit das Auge reicht.

L'Echo d'Alger, 2. Juni 1933 ■ Wie aus Algier verlautete, beschlossen die französischen Behörden, keine Suche nach Lieutenant Chauvet und Chubbie Miller einzuleiten, die seit drei Wochen im Tanezrouft vermißt werden. Chauvet und Miller hatten Reggane ohne offizielle Genehmigung am 5. Mai mit Kamelen verlassen und sich auf die Suche nach Bill Lancaster gemacht, der bei einem Rekordversuch auf dem Flug von London nach Kapstadt in der Wüste verschollen ist. Seitdem gibt es von Chauvet und Miller kein Lebenszeichen.

Tagebuch von Lieutenant Chauvet ■ 3. Juni 1933; am 52. Tag nach Lancasters Verschwinden

Das Leiden nimmt kein Ende. Wie lange dauert es denn noch? Wir schafften kaum vierzig Kilometer nach Westen. Versuchen nun, die Piste zu erreichen. C. M. ist am Ende ihrer Kräfte, kann sich kaum noch auf den Beinen halten. Haben ein zweites Packkamel verloren, haben auch alles Gepäck zurückgelassen, mit Ausnahme der Gerba. Wir haben noch zehn Liter. Das reicht für vier oder fünf Tage. Im Lager sagte C. M., sie wolle etwas niederschreiben. Ich gab ihr ein Blatt aus meinem Heft. Als sie fertig war, stand sie auf und ging mit wankenden Schritten davon, dabei drückte sie den Brief an ihre Brust. Nach fünfzig Metern hockte sie sich hin und nahm ein paar Steine. Ich ließ sie nicht aus den Augen, weil ich nicht wußte, was sie vorhatte. Sie legte das Blatt in den Sand und beschwerte es mit Steinen. Sie starrte das Papier lange an und kam dann zurück. Ich traute mich nicht, sie zu fragen. Ohne ein Wort zu sagen, legte sie sich unter ihren Burnus. Sie wollte nicht essen. Ich glaube, sie hat Fieber. Ich weiß nicht, wie wir morgen weitermarschieren sollen.

Bill,

unablässig bin ich zu Dir gelaufen. Tagelang suchte ich Dich in dieser weiten Wüste. Ich litt auf dem Weg, wie sicherlich auch Du, ganz allein in Deinem Schweigen, gelitten hast. Nun habe ich keine Kraft mehr, keine Kraft weiterzugehen, auf ein Kamel zu steigen, die Etappen in dieser Hitze zu bewältigen.

Bill, ich hatte so gehofft, Dich wiederzusehen … Ich ging, so weit ich konnte, ich suchte Dich überall in dieser Stille, und ich glaubte, Dich zu hören. Mein Geliebter, irgendwo hier bist Du und wartest auf mich, hoffst verzweifelt auf mich, und ich finde nicht zu Dir. Doch jede Sekunde glaubte ich, Dich zu sehen – im Wind, der mich wiegte und mir auf den Lippen brannte, in jedem unwirklichen Lichtschein, den ich in der Ferne schimmern sah, in jedem Sandkorn, das in der Nacht in meine Kleider glitt und mir bei Sturm das Gesicht peitschte.

Mein Liebster, wie sehr wünsche ich mir, daß alles anders gekommen wäre, daß du wieder von vorn anfangen könntest. Gemeinsam sprengten wir unsere Fesseln, wir verließen jene, die uns liebten, und liebten uns noch mehr. Gemeinsam glaubten wir an die Liebe, wir gingen das Wagnis der Liebe ein, und die Liebe trug uns ganz weit fort …

Ich habe keine Kraft mehr, Bill, aber ich habe immer die Kraft, Dich zu lieben.

Ich werde Dich lieben bis zuletzt.

Verzeih mir.

Chubbie

Tagebuch von Lieutenant Chauvet ■ 4. Juni 1933; am 53. Tag nach Lancasters Verschwinden

C. M. kann nicht mehr aufstehen. Sie fiebert stark. Sie kann keine weitere Etappe auf dem Kamel bewältigen. Ich beschloß, alleine zum Brunnen von Tadjnout-Hagarette* aufzubrechen. Nach meiner Schätzung sind es 200 Kilometer. Ich denke, mit meinem Kamel kann ich es in drei Tagen schaffen. Ich überließ der Australierin zwei volle Gerba und Lebensmittel. Wenn das Glück mit uns ist, kann sie bis zu meiner Rückkehr durchhalten. Ich rechne damit, daß ich in sechs, sieben Tagen mit Wasser und Sbot* für die Kamele wieder zurück bin. Nehme zwei leere Fässer mit.

5. Juni 1933; 54. Tag

Komme gut voran, reite über weite Strecken bei Nacht. Habe 70 Kilometer zurückgelegt. Flacher Reg.

6. Juni 1933; 55. Tag

Habe wohl 60 Kilometer Richtung SSO zurückgelegt. Keine Weide. Kein Brunnen. Zwei Stunden geschlafen.

7. Juni 1933; 56. Tag

Ungefähr 60 Kilometer zurückgelegt. Immer noch kein Brunnen. Keine Weide. Wind kommt auf.

8. Juni 1933; 57. Tag

Kein Brunnen zu finden. Habe fast kein Wasser mehr. Zögere, nach Westen oder nach Süden zu reiten. Schlechte Sicht wegen Wind. Habe die Entfernung nach Tadjnout-Hagarette sicherlich falsch eingeschätzt.

9. Juni 1933; 58. Tag

Kein Wasser mehr. Kein Brunnen. Starker Wind.

Brighton, den 9. Juni 1933

Lieber Stephen,

Du fragst, ob ich noch ein wenig Hoffnung habe. Ich weiß nicht, was ich darauf antworten soll. Natürlich darf man die Hoffnung nie aufgeben, gute Christen sollten immer hoffen. Aber bin ich denn eine gute Christin? Im Grunde meines Herzens fürchte ich, daß beide tot sind. Diese traurige Gewißheit nagt seit mehreren Tagen an mir. Chubbie und der französische Soldat sind bestimmt verdurstet. Und wie soll ich nach allen Regeln der Vernunft glauben, daß Lancaster nach all den vielen Tagen in der Wüste noch am Leben sein könnte? Das ist die Wirklichkeit, der wir uns wohl stellen müssen … All das ist fürchterlich, ich weiß. Dieses Abenteuer war nur eine lange und schreckliche Aufeinanderfolge von Tragödien.

Ich hätte Chubbie in ihrem Wahn Einhalt gebieten sollen und habe es nicht getan. Ich mache mir Vorwürfe. Das läßt mir keine Ruhe. Ich hätte zwei Leben retten können, Chubbies Leben und das Leben dieses Soldaten. Ich hätte sie nach Brighton kommen lassen sollen. Vielleicht hätte sie bei mir ihre Meinung geändert und nicht dieses selbstmörderische Abenteuer angezettelt. All das hätte ich tun sollen, und doch habe ich nichts getan. Ich fühle mich schuldig. Ich mache auch den Behörden Vorwürfe, daß sie nicht versuchten, diesen Flug zu verhindern. Auch sie haben Chubbie gewähren lassen.

Auch Donwood trägt eine große Verantwort für alles, was geschehen ist. Er wird sein Geld so schnell nicht mehr wiedersehen. Das ist seine Strafe. Er hätte Chubbie diese verrückte Idee ausreden müssen.

Man wird sie nicht mehr lebend finden. Sie werden nicht mal ein Begräbnis bekommen. Das ist die traurige Wirklichkeit. Nun kann ich nur noch beten, daß die drei Unglücklichen in Frieden ruhen.

Kate

Neunundzwanzig Jahre später

Bericht des Adjutanten Titus Polidori aus dem Gemischten Sahara-Verband Touat, Februar 1962.

Auf einer Patrouille, die ich mit meinem Zug vom 9. bis zum 13. Februar 1962 im Tanezrouft durchführte, sichtete ich das Flugzeug des leidgeprüften William N. Lancaster. Ich brach am 9. Februar in Bordj Le Prieur* nach Norden auf und erreichte über die Reichspiste N° 2* Bidon V, von dort hielt ich mich direkt nach Westen und versuchte, die Stelle zu finden, die auf der Luftkarte als »Signal des Tanezrouft« eingetragen ist. Nachdem wir Meren Kasba* (Amergnene Kasba) passiert hatten, schliefen meine Meharisten und ich in Acheika*. Am nächsten Tag, dem 10. Februar, entdeckte ich an besagtem Punkt prähistorische Gräber. Ich legte am nächsten Tag eine Strecke von 150 Kilometern zurück. Am 12. Februar wollte ich einem Fech-Fech-Gebiet ausweichen und fuhr 40 Kilometer nach Nordwesten, dann direkt nach Osten, um wieder auf die Reichspiste N° 2 zu stoßen. Nach 103 Kilometern sah ich in der Ferne einen schwarzen Punkt. In der Sahara und besonders im Tanezrouft, einer Wüste in der Wüste, sollte man jeden auffälligen Punkt erkunden. Um

»Von dem Flugzeug war nur der Stahlrahmen übrig, der in der Sonne verbrannt war.«

sich nicht zu verirren, wissen Meharisten und Karawanenführer, wie wichtig es ist, sich an Brunnen, Gour* oder Bäumen zu orientieren, die die Karawanenwege säumen und die ihnen von den Vorfahren überliefert wurden. Ich ritt also auf diesen Punkt zu, konnte ihn aber nicht identifizieren. Ich fragte mich, ob es wohl eine Karawane sei.

Erst auf zwei Kilometer Distanz erkannte ich, daß es ein Flugzeug ist. Als ich den Rumpf sah, war mein erster Gedanke, daß es ein Düsenflugzeug war, das bei der Zündung der Atombombe in Reggane abgestürzt war ... Ich gab dem motorisierten Zug Anweisung, sich außer Sichtweite zu begeben, um eine eventuelle Kontaminierung zu vermeiden.

Ich näherte mich dem Flugzeug, sichtete die Dokumente und begriff, daß sich der Unfall 1933 ereignet hatte. Nach einigen Stunden traf ich zufällig einen Geologen, der im Tanezrouft Studien durchführte; er sprach Englisch und konnte mir genaue Angaben zur Person des Piloten machen. Das Flugzeug war 70 Kilometer westlich der Reichspiste N° 2, 296 Kilometer südlich von Reggane und 219 Kilometer nördlich von Bidon V abgestürzt.

Von dem Flugzeug war nur der Stahlrahmen übrig, der in der Sonne verbrannt war. Bevor er starb, hatte der Pilot an einem Tragflügel sein Foto, seine Thermoskanne und eine Dokumentenhülle aus Aluminium befestigt, in die er auch das Bordbuch mit seinen letzten Zeilen gesteckt hatte.

Seine Leiche lag mit dem Gesicht zur Erde. Die Kopfhaut, der Bart, die sandigen Zähne waren außergewöhnlich gut erhalten, während der Teil des Körpers, der der Luft ausgesetzt war, geschrumpft und wie Pergament war. Aus dem Sand ragte eine zusammengekrampfte Hand. Man konnte an ihm noch Reste eines grünen Trikots und seiner Fliegerkombi erkennen.

Paris-Soir, 18. Februar 1962 ■ Nach neunundzwanzig Jahren wurde die Leiche des britischen Piloten der Royal Air Force, der im April 1933 mitten im Tanezrouft in der Sahara abgestürzt war, von einer französischen Militärpatrouille gefunden. Dieser makabre Fund wurde am vergangenen Montag nur 70 Kilometer westlich von Kilometer 296 der Reichspiste Algier–Gao gemacht, in einer der ödesten Regionen der Sahara, die von Karawanen gemieden wird.

Die Soldaten hatten einen unbeweglichen Punkt am Horizont entdeckt und fanden zu ihrem großen Erstaunen die Reste des Rahmens eines sehr alten Doppeldeckers. Direkt daneben lag die Leiche des Piloten, fast vollständig erhalten und mit einer dünnen Sandschicht bedeckt, die eine Verwesung verhinderte. Das Bordbuch des Piloten brachte Licht in

»Seine Leiche lag mit dem Gesicht zur Erde. Die Kopfhaut, der Bart, die sandigen Zähne waren außergewöhnlich gut erhalten.«

die Tragödie, denn in seinem acht Tage währenden, langsamen Todeskampf schrieb der Abgestürzte Stunde um Stunde seine Gedanken nieder.

Am 13. April 1933 mußte der RAF-Pilot William Newton Lancaster, der die Wüste zwischen Algier und Gao am Nigerknie überfliegen wollte, aufgrund eines Triebwerksschadens notlanden. Er versuchte eine weiche Landung, doch im feinen Sand überschlug sich die Maschine und wurde stark beschädigt. Lancaster trug Gesichtsverletzungen davon und wartete auf Hilfe, währenddessen suchte er unter einer Tragfläche Schutz vor der Sonne und machte regelmäßig Einträge in sein Bordbuch. Das Innere des Flugzeugs war bei seiner Entdeckung intakt, alle Flugdokumente waren noch vorhanden, auch 240 Liter Treibstoff waren noch im Tank.

Am 15. Februar wurden die sterblichen Überreste des Piloten nach Fort Reggane überführt, wo ihm militärische Ehren zuteil wurden. Der Paß, der in der Tasche seiner Fliegerkombi gefunden wurde, war auf den Namen William Newton Lancaster ausgestellt, geboren 1898 in Birmingham. Er hatte eine Karte der Royal Air Force bei sich, mehrere persönliche Briefe, ein wenig Geld, Fotos seiner Verlobten, ein kleines Hufeisen und eine Blumenkarte mit einem Gedicht.

Neben den Wrackteilen des Flugzeugs fand man Spuren von verkohltem Holz, es handelt sich wohl um die Propellerblätter, die er verbrannte, um sich zu wärmen. Auf ein Blatt Papier hatte er in großem Maßstab eine Karte der Region gezeichnet, doch sie wies zahlreiche Fehler auf. Seine Einträge hatte er erst mit fester Hand geschrieben, doch die Schrift wurde immer zittriger und unleserlicher. Bei der Lektüre dieser Einträge stellt man fest, daß William Newton Lancaster bis zuletzt Hoffnung auf Rettung hatte. Die letzten Seiten beinhalten auch einige Lebenserinnerungen. Sein vertrockneter Körper lag unter einem Tragflügel. Seine gegerbte Haut war mit Sand verkrustet und wirkte wie Terrakotta.

Daily Post, 20. Februar 1962 ■ Ein hübsches Haus in Hurley an den Ufern der Themse. In einer ruhigen Straße unweit der Kirche aus dem 11. Jahrhundert lebt die Frau, die einst eine Pionierin der Luftfahrt und die Gefährtin des Piloten Bill Lancaster war. Auf dem Rasen vor dem Haus tummeln sich Eichhörnchen zwischen hohen Rhododendren. Für die Vögel gibt es ein kleines Holzhäuschen. Klingelt man an der Tür, so erscheint ein weißhaariger Herr. Mr. Chauvet erklärt uns, seine Gattin wünsche sich nicht zu äußern; die Entdeckung von Bill Lancasters Leiche in der algerischen Wüste habe sie sehr mitgenommen. Das Bordbuch, dessen Seiten er während seines Todeskampfes beschrieben hatte und dessen Erbin sie ist, seien ihr von den französischen Behörden noch nicht übergeben worden, sagt Mr. Chauvet, doch seine Frau sei über den Inhalt informiert.

Aufgrund unserer Beharrlichkeit ist die Frau, die sich Chubbie Miller nennt und in den dreißiger Jahren von sich reden machte, schließlich bereit, an der Schwelle ihres Hauses zu erscheinen. Sie ist eine betagte kleine, elegante Dame. Sie trägt einen dunkelvioletten Pullover und ein dünnes schwarzes Band um den Hals. Ihr Blick ist gütig, aber er verrät großes Leid. Sie spricht kurz mit uns, dann nimmt ihr Mann sie zärtlich am Arm und führt sie wieder ins Haus. Sie verabschieden sich, und die Tür schließt sich hinter einer Geschichte, die vor mehr als dreißig Jahren begonnen hat.

Erklärung von Mrs. Chauvet, Daily Post, 20. Februar 1962 ■ Ein schrecklicher Gedanke, daß ein Mensch, den ich kannte und mit dem ich geflogen bin, unter so grauenvollen Umständen zu Tod kam. Ich möchte nur noch alles vergessen und selbst vergessen werden. Meine Liebe zu Bill Lancaster gehört der Vergangenheit an. Ich war damals jung und leichtsinnig. Als ich wieder heiratete, gab ich das Fliegen auf. Selbst meine engsten Freunde kennen meine Geschichte nicht, ich bin nur noch eine einfache Hausfrau und möchte die Vergangenheit aus meinem Gedächtnis löschen (...) Man soll die Vergangenheit ruhen lassen.

Bill Lancasters letzte Worte waren auf der Rückseite einer Karte mit einem Gedicht niedergeschrieben, das seine Mutter verfaßt und ihm kurz vor dem Start gegeben hatte:

Liebe Mutter, dies hier war mir bis zum Ende ein großer Trost.

Irgendwo
Am Himmel des Leids
Wird die Erinnerung an diese Jahre
geschrieben stehen.
Ein fast unsichtbarer Stern,
Den ich betrachten werde,
Denn ich weiß, daß er
In der Schönheit seiner Stille
Das Leben birgt, das ich so liebte.

April 1933

Nachwort des Autors

Dieses Buch ist weder ein Tatsachenbericht noch reine Fiktion. Vor einiger Zeit führte mich der Zufall auf die Spuren des Piloten Bill Lancaster und des Tagebuchs, das er während seines acht Tage dauernden Todeskampfs in der Wüste geführt hatte. Diese Einträge wurden 1962 im *Paris-Match* und in einer Biographie von Ralph Barker veröffentlicht, die 1969 in Großbritannien erschien. Um diese erschütternden Texte herum wollte ich als Hommage an den Piloten, der im Alter von 35 Jahren verschollen ist, eine Geschichte konstruieren.

Neben Lancasters Einträgen veröffentliche ich den Bericht des Adjutanten Polidori, der Lancasters Flugzeug 1962 im Tanezrouft fand, sowie mehrere Presseberichte, die teilweise authentisch sind. Bis auf wenige Einzelheiten entsprechen die biographischen Angaben über Lancaster in diesem Buch der Wahrheit; die Briefe, Kommentare und Tagebuchaufzeichnungen sind frei erfunden.

Sollte Chubbie Miller tatsächlich versucht haben, ihrem Freund zu Hilfe zu kommen, so war es ihr dennoch nie gelungen, ein Flugzeug für ihre eigene Suche zu bekommen. Natürlich hat sie auch den Meharisten Chauvet nicht geheiratet.

Mein Dank gilt Jacob Oliel, der Familie Polidori und Jean-Charles Humbert. Danken möchte ich auch Alexandre Girodeau, der mir die Auswirkungen der Dehydration erklärte, dem *Rahla* (Verein der Freunde der Sahara) und der Tageszeitung *L'Humanité.* Erwähnen möchte ich auch Marthe Oulié, deren Werk *Bidon V* über die Sahara-Rallye 1930 mir sehr geholfen hat, mich mit jener Zeit und mit jener Region der Sahara besser vertraut zu machen.

Glossar

Acheika Stadt im Süden Algeriens

Achourat Stadt im Norden Malis westlich der Bidon-V-Route

Adrar Algerische Stadt an der sog. Bidon-V-Route

Adrar N'Iforas Bergmassiv im malinesisch-algerischen Grenzgebiet

Am-Rhannan Kasbah im südlichen Tanezrouft

Aoulef Stadt östlich von Reggane

Bailey, Mary 1890–1963; flog 1927 im Alleinflug von London nach Kapstadt.

Ball, Albert 1896–1917, legendärer britischer Kampfflieger auf einer *Nieuport*

Béchar (Ehem. Colomb-Béchar) Bezirk und Garnisonsstadt an der algerisch-marokkanischen Grenze

Benoit, Pierre 1886–1962, Verfasser zahlreicher Abenteuerromane, darunter auch *Die Königin von Atlantis* (1919), der im Tanezrouft und im Hoggar spielt

Bidon V Wegmarkierung; die Brüder Estienne deponierten 1923 auf der ersten Nonstop-Tour durch die Sahara via Tanezrouft leere Benzinfässer *(bidons)* als Orientierungspunkte. Bidon V ist das fünfte Relais.

Bidon-V-Route Siehe *Reichspiste N° 2*

Bilma Wichtige nigerische Oase und Salinenstadt im Osten der Ténéré

Bordj Festung, Fort

Bordj Estienne Bordj an der Bidon-V-Route, in der Höhe von Reggane

Bordj Le Prieur Bordj an der Grenze zu Mali, heute Bordj Badji Mokhtar

Cortier Französischer General, durchquerte 1913 als erster Europäer auf einem Kamel den Tanezrouft.

Drin Wüstengras, *Aristida pungens*

El Goléa Oase

El Khnâchîch Plateau im Norden Malis

Erg Sandwüste, zusammenhängendes Dünengebiet

Erg Chech Dünengebiet südlich des Westlichen Großen Erg und nordöstlich des Tanezrouft

Es-Senia Flughafen südlich von Oran

Estienne, Georges und Estienne, René Offiziere der franz. Armee; sie nahmen an der ersten Sahara-Durchquerung von Touggourt bis Timbuktu teil (Dez. 1922 bis Jan. 1923).

Fech-Fech Pudriger weicher Sand

Französisch-Westafrika Acht Territorien; heute: Mauretanien, Guinea, Elfenbeinküste, Benin, Senegal, Niger, Burkina Faso, Mali

Gao Stadt am Niger

Gerba Wasserschlauch aus Ziegenleder

Goum Nomaden im Dienst der französischen Armee

Gour (Pl.), Gara (Sg.) Isoliert stehende Bergstöcke, Inselberge

Hinkler, Bert Australischer Pionier; stellte 1928 den Rekord im Alleinflug von England nach Australien auf.

Hodh Nomadenstamm, »Nordleute«

In Salah Ehemalige Handelsstadt östlich von Tidikelt

In Ziza Wasserstelle im Osten des Tanezrouft

Kasbah Burg, Altstadt

Kel (tamaschek) »Die Leute von«, Stamm

Kel Rela Tuareg-Stamm aus dem Hoggar

Kounta Nomadenstamm

Ksar, Ksur Befestigte Wüstensiedlung

Laperrine, Henri Oberbefehlshaber von Algerien; unternahm die ersten Erkundungen der Sahara mit Fahrzeugen der Armee; stürzte 1920 auf einem Flug von Tamanrasset zum Niger ab.

Litham (arab.) Gesichtsschleier der Männer

Meharisten Kamelreiter der franz. Armee (Mehari: reinrassiges Reitkamel)

Moron Kasba (Amorgnono Kasba) Kasbah westlich der Bidon V Route im Süden Algeriens an der Grenze zu Mali

Mollison (Johnson-Mollison), Amy 1905–1941; Flugpionierin; 1929 Rekord im Alleinflug von England nach Australien; 1936 Rekord im Alleinflug von England nach Kapstadt

Nieger Kartograph der franz. Armee; verzeichnete als erster die Sahara.

Nieuport Flugzeughersteller, vor allem Jagdflieger

Ouallene Wasserstelle zwischen dem Tanezrouft und dem Hoggar

Oued Meist trockenliegendes Flußbett

Oued Ilamane trockenes Flußbett am Ilamane, einem Berg des Hoggar

Ouled Delim Nomadenstamm in Rio de Oro, der sich 1910–1933 massiv der französischen Kolonialisierung widersetzte

RAF Royal Air Force, britische Luftwaffe

Reg Kieswüste, Geröllwüste

Reggane Militärort im Bezirk Adrar an der Bidon-V-Route; hier zündete Frankreich am 13.2.1960 eine Atombombe.

Reguibat Maurischer Nomadenstamm der Westsahara, der sich 1910–1933 massiv der französischen Kolonialisierung widersetzte.

Reichspiste N° 2 Trasse, die Nordafrika und Französisch-Westafrika verband wie in einem Kolonialreich, auch: Bidon-V-Route, Tanezrouft-Piste.

Rezzu Überfall, Beutezug der Nomaden (»Razzia«)

Rio de Oro Ehem. spanisches Protektorat; 1912 von Frankreich übernommen; früherer Name von Westsahara (heute Teil von Marokko) und historische Region im Süden des Landes

Sahara-Rallye 1. Sahara-Automobil-Rallye 1930 (Algier–Gao–Tamanrasset–Algier)

Saroual (arab.) Weite Hose

Sbot Drin-Gras

Smith, Sir Charles Kingford Australischer Pionier, der 1931 mit der *Southern Cross Minor* erfolglos versuchte, Amy Mollisons Rekord zu brechen.

Tadjnout-Hagarette Stadt an der Bidon-V-Route im Norden Malis

Tamanrasset Hauptstadt der Hoggar-Region im Süden Algeriens

Tanezrouft »Land der Trauer«, »Land des Schreckens«, weite Kieswüste im Südosten Algeriens, auf 700 Kilometern zwischen den Oasen im Norden und den malinesischen Ebenen

Targi Siehe *Tuareg*

Tassili N'Ajjer Erodierte Tafelberglandschaft im Südosten Algeriens

Ténéré Wüste im Staat Niger zwischen Agadez und Bilma, »Land da draußen«

Tidikelt Oasengürtel

Timimoun Oase

Touat Oasengürtel im Bezirk Adrar

Tuareg (Pl.) Hellhäutiger Berberstamm in der zentralen und südlichen Sahara; Sg.: Targi (m), Targia (f)

Zinder Stadt im Niger

Ziza (Guoltas d'In Ziza) offene Wasserstellen zwischen Bidon V Route und Hoggar

SERIE PIPER

Alexis von Croy

Abenteurer der Lüfte

Die besten Geschichten über das Fliegen. 367 Seiten mit 147 teils farbigen Abbildungen. Serie Piper

Vor hundert Jahren gelang den Gebrüdern Wright der erste Motorflug – gerade mal 36 Meter, und sie waren 12 Sekunden in der Luft. Es war der Beginn einer Geschichte von immer neuen Rekorden und gefährlichen Abenteuern, von wagemutigen Pionieren und Pilotinnen, von technischen Triumphen und Tragödien. Von der Erfindung des Flugzeugs über Charles Lindberghs spektakulären Atlantikflug bis zur Überschall-Concorde unserer Tage spannt Alexis von Croy den Bogen. In diesem opulent bebilderten Band gelingt es ihm, die Faszination des Fliegens greifbar zu machen.

»Alexis von Croy versteht es, in diesem Buch dramatische Begebenheiten, erschütternde Schicksale und die großen Abenteuer aus hundert Jahren Fliegerei packend zu erzählen. Keine Frage, daß das Buch das Prädikat ›empfehlenswert‹ verdient.«
Aero International

05/1787/01/L

Marc Buhl

Rashida

oder der Lauf zu den Quellen des Nils. Roman. 208 Seiten. Serie Piper

Mensen Ernst muss laufen – Stunde um Stunde, Tag für Tag. Er macht sich einen Namen als schnellster Läufer Europas und stellt seine Begabung in den Dienst von Herrschern und Revolutionären. Doch sein Leben bleibt geprägt von der Suche nach einem Ruhepunkt in der Welt … Marc Buhl erzählt den Lebensroman des norwegischen Wunderläufers Mensen Ernst als eindringliche Reise zu sich selbst.

»Allein die Liebe ist zu schnell für Mensen Ernst – sie zwingt ihn zur Langsamkeit, bringt ihm das Glück und den Tod, wie uns dieses in einer klangvollen und plastischen Sprache erzählte Buch vor Augen führt.«
Die Zeit

05/2109/01/R

Martin Dugard

Auf nach Afrika!

Stanley, Livingstone und die Suche nach den Quellen des Nils. Aus dem Amerikanischen von Ulrike Frey. 336 Seiten mit 25 Abbildungen. Serie Piper

Am 4. April 1866 marschiert der große britische Afrikareisende David Livingstone mit seiner Karawane in Sansibar los, um die Quellen des Nils zu finden. Mit dem Augenblick, in dem er den Urwald betritt, verschwindet er für die Außenwelt von der Bildfläche, verschluckt vom sumpfigen Dickicht des Dschungels. Fünf Jahre später glaubt niemand mehr, daß Livingstone noch leben könnte. Bis sich der Draufgänger und Sensationsjournalist Henry Morton Stanley in die Sümpfe und Wälder im Herzen Afrikas aufmacht – und in sein größtes Abenteuer stürzt …

»Dugard beschreibt einen Kontinent, der von Kriegen, Krankheiten und sengender Hitze geprägt ist. Und schildert gleichzeitig eine einzigartige Landschaft, die selbst den erfahrenen Livingstone immer wieder aufs neue beeindruckt hat.«
Süddeutsche Zeitung

05/1905/01/L

Wilfred Thesiger

Die Brunnen der Wüste

Mit den Beduinen durch das unbekannte Arabien. Aus dem Englischen von Peter Stadelmayer. 357 Seiten mit 25 Abbildungen und 2 Karten. Serie Piper

»Wer heute nach dem Leben suchen wollte, das ich in der arabischen Wüste geführt habe, wird es nicht finden; denn nach mir kamen die Ingenieure und die Ölsucher. Heute ist die Wüste, durch die ich reiste, von den Spuren der Lastkraftwagen gekerbt und von den Abfällen der Importe aus Europa und Amerika übersät«, schreibt Thesiger im Vorwort seines fesselnden Expeditionsberichts. In den Jahren 1947 bis 1950 hatte er sich den Wunsch seines Lebens erfüllt: Er durchquerte die Wüste Rub al Khali in Saudi-Arabien, das »Leere Viertel«, und lebte mit den Beduinen. Was er über diese unberührte Welt des Schweigens, die es heute so nicht mehr gibt, aufgezeichnet hat, ist ein bedeutendes Dokument.

05/1067/01/R

SERIE PIPER